AF401780

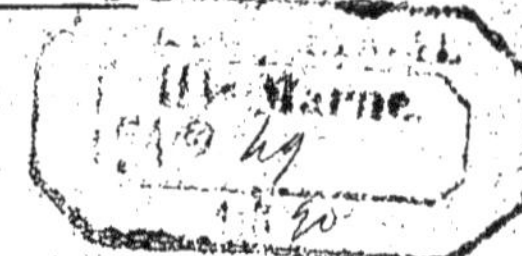

DROIT ROMAIN

LES COMICES A ROME

DROIT FRANÇAIS

LE

SECRET PROFESSIONNEL

THÈSE POUR LE DOCTORAT

PAR

ANDRÉ HALLAYS

AVOCAT A LA COUR D'APPEL

PARIS

LIBRAIRIE NOUVELLE DE DROIT ET DE JURISPRUDENCE

ARTHUR ROUSSEAU, ÉDITEUR

14, RUE SOUFFLOT ET RUE TOULLIER, 13

1890

THÈSE

POUR LE DOCTORAT

DROIT ROMAIN

LES COMICES A ROME

DROIT FRANÇAIS

LE

SECRET PROFESSIONNEL

THÈSE POUR LE DOCTORAT

L'ACTE PUBLIC SUR LES MATIÈRES CI-APRÈS

Sera soutenu le Mardi 10 Juin 1890 à 1 heure.

PAR

ANDRÉ HALLAYS

AVOCAT A LA COUR D'APPEL

Président : M. LABBÉ.

Suffragants : MM. LÉVEILLÉ
LYON-CAEN *professeurs.*
LÉON MICHEL, *agrégé.*

PARIS

LIBRAIRIE NOUVELLE DE DROIT ET DE JURISPRUDENCE

ARTHUR ROUSSEAU, ÉDITEUR

14, RUE SOUFFLOT ET RUE TOULLIER, 13

1890

ERRATA

Page 26, ligne 8 de la note, au lieu de *1824*, lire *1884*.
Page 109, ligne 13, au lieu d'*avril*, lire *mai*.

DROIT ROMAIN

LES COMICES A ROME

DÉFINITIONS

Trois mots désignent les assemblées du peuple romain : *conciones, concilia, comitia.*

Concio est le terme le plus général. Il est employé par les auteurs latins pour indiquer toute assemblée populaire. Cependant il est pris aussi dans un sens plus étroit, pour désigner une assemblée où aucune *rogatio* n'est proposée au peuple : « aliud esse cum populo agere ; aliud concionem habere. Nam cum populo agere est : rogare quid populum, quod suffragiis suis aut jubeat aut vetet ; concionem autem habere est : verba facere ad populum sine ulla rogatione » (Aulu-Gelle, XIII, 15).

Concilium doit aussi être parfois entendu dans un sens très large. Néanmoins on l'oppose souvent à *comitia* pour indiquer une assemblée où une partie seulement du peuple romain a été convoquée. C'est ce qui résulte

                DÉFINITIONS.

d'un texte de Lœlius Felix, dans son premier livre à Quintus Mucius, qu'on trouve rapporté par Aulu-Gelle dans les *Nuits attiques* (XV, 27) : « Is qui non uni-
» versum populum sed partem aliquam adesse jubet,
» non comitia sed concilium edicere debet ». Cette dis-
tinction se retrouve à plusieurs reprises dans Cicéron ; par exemple dans le discours *Post reditum in senatu :* « *Tribunus plebis tulit ne obnunciare conciliis aut comitiis liceret* ». C'est ainsi que les assemblées de la plèbe, jusqu'à la loi Hortensia, ne furent que des *concilia*.

Comitia. C'est de la sorte que l'on désignait les trois espèces d'assemblées, en quelque sorte constitution-nelles, du peuple romain : par curies, par centuries, par tribus.

CHAPITRE PREMIER.

§ 1. — ORGANISATION ET MODE DE DÉLIBÉRATION.

L'institution des comices curiates remonte aux origines mêmes de la ville de Rome.

La cité romaine se forma de la réunion successive de trois peuplades : les Ramnes, les Tities, les Luceres. Chacune de ces trois tribus se divisa en 30 curies.

La curie est donc fondée sur l'idée de race. « Quum » ex *generibus hominum* suffragium feratur, dit Lœlius » Felix, curiata comitia esse ». En fait, la division de race se confondit avec une division topographique. Car Varron (5. 57) rapporte que l'*ager romanus* fut primitivement divisé en trois parties : chaque tribu se cantonna sur son territoire.

Chacune des curies se divisait-elle en dix décuries, comme on l'a conclu d'un texte de Denys d'Halicarnasse, (2. 7)? Ces décuries, si leur existence était démontrée, seraient-elles les *gentes* de la cité romaine (1)? Ces questions sont fort controversées. Nous ne les discuterons

(1) Mommsen. *Rœmische Forschungen*, t. I, 46.

pas ici, car elles ne se rattachent qu'indirectement à l'objet de notre étude : l'organisation et les attributions des comices.

Les *comitia curiata* sont convoqués et présidés par le roi, ou par le *tribunus celerum* sous la royauté, par tout magistrat ayant le *jus agendi cum populo* sous la République. Un licteur, suivant Aulu-Gelle (XV, 27), un *præco*, suivant Denys (2. 7) convoquait chaque citoyen *nominatim*. Le lieu habituel de la réunion est le *comitium*. Chaque citoyen votait dans sa curie *viritim*. Puis chaque curie exprimait son vote qui était le résultat de tous ces votes *secundum capita*. La majorité des trente suffrages, c'est-à-dire seize, décide de l'adoption ou du rejet de la *rogatio*.

Sur la composition des curies, de grandes controverses se sont élevées entre les auteurs modernes. Les plébéiens avaient-ils le droit de vote dans ces assemblées ?

Les uns, — le plus illustre d'entre eux est Mommsen, —ont soutenu que pendant la République la plèbe n'était pas exclue des curies. Voici leurs raisons :

1° Les plébéiens étaient admis aux dignités de *curio* et de *curio maximus* (1).

____

(1) Voici le texte de Tite-Live sur lequel s'appuie Mommsen : « Inter majorum rerum curas comitia maximi curionis, quum in locum M. Æmilii sacerdos crearetur, vetus excitaverunt certamen ; patriciis negantibus C. Mamilii Vituli, qui unus ex plebe petebat, habendam rationem esse, quia nemo ante eum, nisi ex patribus, sacerdotium habuisset. Tribuni appellati ad senatum rejecerunt. Senatus populi potestatem fecit. Ita primus ex plebe creatus maximus curio C. Mamilius Vitulus » XXVII, 8.

2° Les plébéiens participaient aux *Fornacalia*, qui faisaient partie des *sacra curionia* (Ovide, *Fastes*, II) (1).

3° L'*adrogatio* suppose la présence de l'adrogeant et de l'adrogé plébéien dans les comices par curies.

4° D'après de nombreux textes de Denys d'Halicarnasse (II. 7. 14 ; IV. 12 ; VI. 89) et de Cicéron (II. *De Rep.* II. 8. 14. 12. 23), il serait certain que la plèbe dès l'origine a été admise aux comices curiates, et cette tradition serait inexplicable si, à l'époque historique, la plèbe avait été exclue des curies (2).

D'autres, qui adoptent la théorie de Mommsen, pré-

---

(1) Ovide, *Fastes*, II, 525 et sqq.
    « Curio legitimis nunc Fornacalia verbis
      Maximus indicit ; nec stata sacra facit.
    Inque foro, multa circum pendente tabella,
      Signatur certa curia quæque nota :
    Stultaque pars populi, quæ sit sua curia, nescit ;
      Sed facit extrema sacra relata die ».

(2) Mommsen tire également un argument du rapprochement de deux textes de Cicéron :

1° *Pro Cneio Plancio.* 3... « Nam si ita esset, quod patres apud majores nostros tenere non potuerant, *ut reprehensores essent comitiorum,* id haberent judices ; vel, quod multo etiam minus esse ferendum. Tum enim magistratum non gerebat is, qui ceperat, si patres auctores non erant facti ; nunc postulatur a vobis, ut ejus exsilio, qui creatus sit, *judicium populi romani* reprehendatis. »

2° *Pro domo sua.* 14. « Ita populus romanus brevi tempore neque regem sacrorum, neque flamines, nec salios habebit, nec ex parte dimidia reliquos sacerdotes, neque *auctores centuriatorum et curiatorum comitiorum* ; auspiciaque populi romani, si magistratus patricii creati non sint, intereant necesse est, quum interrex nullus sit, quod et ipsum patricium esse et a patricio prodi necesse est. »

Selon Mommsen les *comitia curiata et centuriata* du second texte sont les mêmes que les *comitia ... populi* du premier. Le *populus* voterait donc aux *curies* comme aux *centuries*. Nous avouons trouver ce rapprochement un peu forcé. On attache peut-être trop d'importance à des mots qui ont été souvent détournés de leur sens spécial et primitif.

tendent aller plus loin encore et disent : « Si la plèbe
» a été admise aux curies aux derniers siècles de la
» République, quand a-t-elle obtenu ce droit ? Nulle
» part il n'est question d'une lutte entre le patriciat et
» la plèbe à l'effet de l'acquérir. Il faut en conclure que
» ce droit lui a toujours appartenu ». (Willems, *Le
Droit public romain*, p. 48. C'est aussi l'opinion de
W. Soltau, *De l'origine et de la composition des anciennes assemblées du peuple romain*, I. 1).

En face de cette thèse absolue, il en est une autre, non
moins catégorique, selon laquelle les plébéiens n'auraient jamais pris part aux votes des comices curiates.
C'est le système de Niebuhr. On l'a défendu par les arguments suivants :

1° Le nombre des curies n'a jamais augmenté (certains auteurs parlent, il est vrai, de 35 curies ; mais il
semble que ce soit là le résultat d'une confusion entre
les curies et les tribus) (P. *Diac.* p. 49, v° *Curiæ.*) Or
si les plébéiens avaient été admis à une époque quelconque dans les curies, le nombre de celles-ci se fût augmenté, comme s'augmenta le nombre des tribus.

2° La constitution primitive était complètement fermée aux plébéiens. La constitution Servienne n'a pas eu
d'autre but que de les faire admettre dans la cité politique. « Il avait fallu édifier de toutes pièces une cons-
» titution pour permettre aux plébéiens de participer
» comme tels au droit public, et on admettrait ensuite
» qu'après l'adoption de cette constitution nouvelle,

» l'ancienne leur a été comuniquée ! » (Mispoulet, *Institutions politiques des Romains*, I, p. 196.)

3° On allègue aussi le texte de Lœlius Felix rapporté par Aulu-Gelle (15. 27) que nous avons déjà cité : *Cum ex generibus hominum suffragium feratur, curiata comitia esse.*

Aux objections de Mommsen on fait, dans ce système, les réponses suivantes :

1° Il n'est pas douteux que les plébéiens aient participé aux fêtes par curies, sous la République. Mais cela n'implique pas qu'ils aient acquis le droit de vote dans les comices curiates. Cela prouve simplement que les fêtes romaines, comme le culte en général, étaient devenues communes à tout le peuple, sans distinction d'origine.

2° Le *curio maximus* était élu par les tribus et non par les curies. Il n'est donc pas prouvé qu'il ait pris part au vote des curies. Admis à tous les grands sacerdoces, les plébéiens ont dû pouvoir prétendre à *tous* les *sacra publica*. Mais ils n'ont été introduits dans les curies que pour les actes religieux.

3° Quant à l'*adrogatio*, les plébéiens n'auraient pu la pratiquer au début. Ce ne fut que beaucoup plus tard, lorsque les comices curiates furent tombés en désuétude et remplacés par trente licteurs, que les plébéiens purent être adrogés. Quant aux textes d'où semble résulter que sous la République, même sous l'Empire, l'adrogation ait toujours eu lieu devant une assemblée effective, il ne faut point y attacher d'importance. Le public était présent; les vieilles formes subsistaient; mais en réalité il n'y avait plus de curies assemblées.

La vérité nous paraît être que les plébéiens ne faisaient point à l'origine partie des comices curiates, mais qu'ils y ont été admis sous la République.

Si l'on admet en effet que les comices curiates ont été dès l'origine des comices démocratiques, on ne comprend plus ni la constitution Servienne, ni après la chute de la royauté toutes les luttes des plébéiens pour obtenir les comices par tribus. Il paraît donc certain que les comices curiates furent d'abord des assemblées patriciennes composées des *gentes* originaires.

Mais il ne paraît pas moins certain que sous la République les plébéiens firent partie des assemblées curiates.

Il est probable que le nombre des curies n'a jamais augmenté, puisque *30* licteurs les ont remplacées quand leurs réunions furent tombées en désuétude. Mais nous ne savons pas si le nombre des citoyens composant chaque curie n'a pu s'accroître. La subdivision des curies et leur organisation intime sont demeurées des problèmes sans solution, faute de texte.

Quant à l'admission des plébéiens aux fonctions de *curio* et de *curio maximus,* c'est faire trop bon marché de cet argument que déclarer qu'une fonction purement sacerdotale n'impliquait pas pour celui qui en était revêtu le droit de vote. Le *curio* était le chef de la curie.

Le *curio maximus* était le chef des trente curies, chef religieux, nous l'accordons ; mais il serait bien invraisemblable que celui qui présidait aux *sacra* de la curie fût écarté du vote dans les délibérations, et qu'ayant le *jus honorum* il n'eût pas le *jus suffragii*.

Dire que les plébéiens n'ont pu au début employer l'adrogation, et que cela ne leur fut permis que quand la réunion des curies cessa d'être réelle, est peut-être aussi une assertion un peu téméraire. Aucun texte ne la confirme. Les auteurs n'ont jamais distingué, pour l'adrogation, entre patriciens et plébéiens.

A quelle époque eut lieu cette admission des plébéiens aux comices curiates ? Ici les auteurs ont proposé des dates diverses : à partir de la loi *Ogulnia*, disent les uns ; à partir de la réforme des *comices centuriates*, disent les autres. En réalité, ce sont là de pures hypothèses. Tout ce que, dans le silence des textes, on peut affirmer, c'est que les plébéiens furent admis à voter dans les comices curiates à une époque où ces assemblées avaient déjà perdu toute importance. Autrement les historiens latins ne seraient pas muets sur cette conquête de la plèbe.

§ 2. — ATTRIBUTIONS.

Les comices curiates étaient de deux sortes : 1° les comices curiates proprement dits ; 2° les *comitia calata*.

Il faut étudier séparément ces deux espèces d'assemblées, dont les attributions étaient distinctes.

A. Comices curiates proprement dits.

Leurs attributions, à l'époque où leur rôle dans l'État fut le plus considérable, c'est-à-dire aux origines de Rome, étaient de trois sortes : 1° *auctoritas patrum* ; 2° *lex curiata de imperio* ; 3° *juridiction.*

1° AUCTORITAS PATRUM. — De très longues controverses se sont élevées sur l'*auctoritas patrum.*

N'ayant pas à étudier ici l'organisation du sénat romain, nous n'examinerons point la question de savoir si *patres*, quand on parlait de cette assemblée, ne désignait que les sénateurs patriciens, et si le mot de *conscripti* s'appliquait uniquement aux sénateurs plébéiens (Mommsen, Madvig et Soltau enseignent cette doctrine que Willems réfute : *op. cit.*, p. 210).

Ce qui est hors de doute, c'est que le mot *patres*, le plus souvent, dans les auteurs latins, est synonyme de *senatus,* et que par suite *senatus auctoritas* peut être alors l'équivalent de *patrum auctoritas.*

Mais il semble résulter des textes que l'*auctoritas patrum* a pu se produire sous deux formes différentes : une décision des curies, ou bien une décision du sénat. Nous avons montré plus haut qu'à l'origine les comices curiates furent des assemblées exclusivement patriciennes. De là l'expression de *patrum auctoritas* employée pour désigner certaine de leurs attributions ; plus tard, lorsque les plébéiens furent admis dans les curies, le mot fut conservé. A cette époque d'ailleurs il est probable que l'*auctoritas patrum* n'était plus qu'une formalité. Peut-être pour une raison analogue l'expression de *patres auctores* fut-elle employée pour désigner tous les sénateurs, même après que les plébéiens eurent été admis dans le sénat.

Que les comices par curies aient exercé un pouvoir appelé *auctoritas patrum*, des textes nombreux le démontrent (Cicéron, *De Republica*, II. 13. 20. 21). Gaïus (I, 3) ne laisse subsister aucun doute : «... Unde » olim patricii dicebant plebiscitis se non teneri, quia » *sine auctoritate* eorum facta essent. Sed postea lex » Hortensias lata est, qua cautum est ut plebiscita uni- » versum populum tenerent; itaque eo modo legibus » exæquata sunt ». L'*auctoritas* dont il s'agit ici, ce sont les patriciens qui l'exercent. L'assemblée des patriciens, — du moins à une époque antérieure à la loi Hortensia (476 av. J.-C.) — ce sont les comices curiates.

Sur quels objets l'*auctoritas patrum* s'exerçait-elle dans les comices curiates ?

a) Confection des lois. — Le roi avait l'initiative et le sénat la délibération des projets de loi ; le droit de les voter ou de les rejeter appartenait aux comices curiates. Un peu plus tard, peut-être à partir de la constitution Servienne, certainement à partir de la république (cette question sera traitée plus loin), ceux-ci n'ont plus que le droit de ratifier les lois faites dans les comices centuriates. C'est ce qui arriva pour la loi des XII Tables.

b) Élections des magistrats. L'*auctoritas patrum* exercée dans les comices curiates était nécessaire pour l'élection du roi (1), du *tribunus celerum,* des curions, des *quæstores parricidii,* — et plus tard pour l'élection des consuls.

2° LEX CURIATA DE IMPERIO. — Certains auteurs confondent *la lex curiata de imperio* avec l'*auctoritas patrum.* Comme il y avait là deux actes, qui se suivaient

(1) De nombreuses controverses se sont élevées sur le rôle que jouaient les comices curiates dans l'élection du roi. Selon Rubino, le roi était désigné par les auspices. Selon Mommsen (*Rœm. Forsch.* I. 218. 233) les comices désignent un *interrex* qui, lui-même, nomme le roi. Ce dernier est toujours maître de désigner son successeur. Cette théorie repose sur une conception très absolue de l'*imperium ;* le peuple déléguerait ses droits à celui qu'il investit de l'*imperium,* même *post mortem.*

La vérité est peut-être qu'il n'y eut point pour l'élection des rois de Rome uniformité de procédure. On a tort de vouloir concilier des textes qui paraissent indiquer des événements très différents. Voici, par exemple, les passages du *De Republica* relatifs aux élections de Numa Pompilius, Tullus Hostilius, Ancus Marcius, Tarquin, Servius.

Numa Pompilius. — « Prœtermissis suis civibus, regem alienigenam, *patribus auctoribus, sibi ipse populus adscivit ;* eumque ad regnandum, Sabinum hominem, Romam Curibus accivit. Qui ut huc venit, quanquam *populus* curiatis eum comitiis regem esse *jusserat,* tamen *ipse de suo imperio curiatam legem tulit...* » II. 13.

Tullus Hostilius. — « Mortuo rege Pompilio, Tullium Hostilium populus regem, interrege rogante, comitiis curiatis creavit ; is que de imperio suo, exemplo Pompilii, populum consuluit curiatim » 17.

Ancus Marcius.— « Post eum Numœ Pompilii nepos ex filia rex a populo est Ancus Marcius constitutus : itemque de imperio suo legem curiatam tulit » 18.

Tarquin. — « Cunctis populi suffragiis rex est creatus... de suo imperio legem tulit » 20.

Servius : — « Quum... regnare cœpisset non jussu, sed voluntate atque concessu civium... non commisit se patribus sed... populum de se ipse consuluit ; jussusque regnare, legem de imperio suo curiatam tulit » 21.

Seule la *lex de imperio* revient à chaque avènement. Pour le reste, autant de rois autant de formules diverses pour exprimer l'élection. Tite-Live n'est pas plus précis. Néanmoins l'*auctoritas patrum* est bien distincte de la *lex de imperio.*

d'ordinaire au cours d'une même assemblée, la confusion est assez facile. Voici cependant, selon Walter (*Histoire du Droit romain*, II, n° 509), comment on procédait pour l'élection du roi. L'*interrex* proposait un candidat aux comices (*rogatio*). On prenait les auspices. S'ils étaient favorables, l'assemblée reconnaissait roi le candidat qui lui avait été présenté (*auctoritas patrum*). Enfin le roi lui-même proposait et faisait voter une loi curiate *de imperio*.

Cette théorie paraît confirmée par un passage de Cicéron déjà cité (*De Rep.* II, 13) : « Qui (Numa Pompilius) ut huc venit, quanquam populus curiatis eum comitiis regem esse jusserat, tamen ipse *de suo imperio curiatam legem tulit* ». Et Cicéron, à propos de Tarquin, dit aussi que, fait roi par les suffrages du peuple, celui-ci « *de suo imperio legem tulit* ».

Cette loi conférait au roi l'*imperium*, c'est-à-dire le droit de glaive. Sous la République la même investiture fut nécessaire pour les consuls, les dictateurs, les préteurs (1). On n'est pas bien fixé sur l'effet de cette loi *de imperio*. Il semble qu'elle faisait passer à celui qui en était l'objet les auspices et la puissance militaire. Cicéron (*De lege agraria*, 2, 12) : *consuli, si legem curiatam non habet, attingere rem militarem non licet.*

3° JURIDICTION. — Sous la royauté, le peuple, réuni dans les comices curiates, connaissait de la *provocatio*.

____

(1) Pour les censeurs, cette loi curiate serait d'après Cicéron (*De lege agraria*) remplacée par une loi centuriate.

De nombreuses controverses se sont élevées sur la nature de cette institution.

Parmi les droits du citoyen romain, Cicéron range le *jus provocationis* (*De Rep.*, II, 31). Nous aurons à examiner avec quelques détails ce qu'était le *jus provocationis* sous la République, lorsque nous étudierons la juridiction des comices centuriates et la loi *Valeria de provocatione*. Mais le *jus provocationis* existait-il à l'époque royale devant les comices curiates ?

Il est bien difficile d'en douter en présence du *judicium populi*, où Horace, condamné à mort, eut sa peine commuée. Le récit de Tite-Live (I, 26) ne laisse guère place à l'incertitude : « ... I lictor, colliga manus. — Tum » Horatius : « *provoco* » inquit ». Et Festus dit : « accu- » satus tamen parricidii, apud duumviros damnatus, » *provocavit* ». La *provocatio* était donc une sorte d'appel au peuple de la condamnation prononcée.

On a objecté, il est vrai, que ni sous Servius Tullius, ni sous Tarquin le Superbe les auteurs anciens ne citent un seul cas de *provocatio*. Ce silence des textes ne prouve pas grand'chose. On a dit aussi que la *lex Valeria de provocatione* est considérée par tous les auteurs comme une innovation (1) et que sous la République la dictature, rétablissement temporaire de la royauté, est *sine provocatione*. Mais la *lex Valeria de provocatione* a pu n'être que la confirmation législative du *Mos majorum* au sujet

____

(1) Voir notamment : Cicéron (*De Rep.*, II, 31).

de la *provocatio*. Quant à la dictature, les circonstances extraordinaires, pour lesquelles était faite cette magistrature d'exception, expliquent qu'on ait voulu supprimer tout recours contre les décisions du dictateur.

Contre quelles sentences s'exerçait cette *provocatio ?* — Mommsen (*Ræm. Forsch.*, II, 598) soutient que la *provocatio* ne s'exerçait pas contre les sentences du roi, mais contre celles des *II viri perduellionis, avec le consentement du roi.* « Dans le Droit commun, l'auteur d'un » crime capital, après que le roi ou son délégué a pro- » noncé la peine légale, doit être inexorablement mis à » mort, car le roi, qui a le pouvoir de juger, n'a pas » celui de faire grâce ; mais le condamné peut encore » l'obtenir du peuple *si ce moyen de recours lui est accordé par le roi.* C'est là la première forme de l'appel » (*provocatio*) » (Mommsen, *Histoire romaine* ; trad. française, I, p. 107).

Que la *provocatio* ait eu lieu contre les sentences des *II viri perduellionis*, et non contre celles du roi, les textes que nous avons cités ne permettent guère d'en douter. Mais qu'il y ait eu là simplement un recours que le roi pouvait accorder ou refuser, pas une ligne d'un auteur ancien ne le peut faire présumer. On invoque la plénitude de la souveraineté royale, les droits absolus attachés à l'*imperium ;* on allègue que les *duumviri perduellionis* ne seraient que des délégués du roi. Mais rien ne prouve que dès l'époque royale les *duumviri perduellionis* n'aient pas été déjà élus par les comices, comme ils le furent certainement plus tard, et que cette juridiction ne fut pas une émanation de l'autorité populaire et non de l'autorité royale (1). (*Dictionnaire des Antiquités* de Daremberg et Saglio, v° *Comices*.)

Ce droit de connaître de la *provocatio*, sous la République, appartenait aux comices centuriates. A quelle époque eut lieu ce changement de compétence? Sous Servius Tullius? A la chute de la royauté? Sous les décemvirs? Cette question sera étudiée au chapitre II.

Peut-être même, quand d'une façon générale le *maximus comitiatus* eut été investi du droit de statuer sur la *provocatio*, les curies restèrent-elles seules compétentes pour statuer en dernier ressort sur l'antique accusation de *perduellio*. Mais le texte sur lequel on s'appuie pour le soutenir (Tite-Live, VI, 20) est bien vague.

A l'énumération de ces attributions on peut ajouter pour les comices curiates le droit de statuer sur les déclarations de guerre et de donner leur assentiment aux traités de paix, — du moins sous la royauté.

B. Comitia calata.

Ces comices se distinguent des précédents sous divers rapports :

1o Ils sont présidés par un pontife et non par un ma-

---

(1) Le texte de Tite-Live manque ici de clarté. Le roi dit : « *duumviros secundum legem facio* ». Mais quelques lignes plus bas Tite-Live écrit : *Hac lege duumviri creati.* Il semble donc que les *duumviri* aient été nommés par le peuple sur une *rogatio* du roi.

gistrat. « Calata comitia esse quæ pro collegio pontifi-
» cum habentur » (Aulu-Gelle, XV. 27).

2° Ils ne se réunissent pas au *comitium*, mais au Capitole devant la *curia calabra*.

3° Ils sont convoqués par un officier du collège des
pontifes, le *calator*.

M. Mispoulet ajoute à ces trois différences que les
calata comitia ne sont pas appelés à voter, mais seulement à prendre acte des faits qui s'accomplissent devant
eux. Mais pour établir cette règle il a dû mettre parmi
les attributions des comices curiates proprement dits l'a-
drogation ; ce qui est peut être téméraire devant ce texte
formel d'Aulu-Gelle (V. 19) : « Nam comitia, *arbitris pon-*
» *tificibus*, præbentur, quæ curiata appellantur ».

Les attributions des *comitia calata* étaient d'ordre
civil et religieux :

a) *L'adrogation.* Aulu-Gelle, qui a décrit toute la
cérémonie de l'adrogation (V. 19), nous a conservé la
formule de la *rogatio* adressée au peuple : « Ejus roga-
tionis verba hæc sunt : velitis, jubetis uti L. Valerius
L. Titio tam jure legeque filius sit, quam si ex eo patre
matreque familias ejus natus esset, utique ei vitæ necis-
que in eum potestas sit uti patri endo filio est. Hæc ita
uti dixi, ita vos Quirites, rogo ».

b) *La cooptation*, par laquelle de nouvelles *gentes*
pouvaient être admises dans les curies. On ignore les
formes de cet acte.

c) *La transitio ad plebem*, qui s'effectuait à l'aide de

la *detestatio sacrorum*. C'était l'acte par lequel un patricien passait dans une famille plébéienne, en abandonnant ses sacrifices privés. Selon Mommsen, il diffère de l'adrogation en ce que le patricien qui a usé de la *detestatio sacrorum* ne perd pas son nom (1).

d) Les testaments. On ignore de quelle façon était fait un testament *calatis comitiis*. L'intervention des pontifes et du peuple s'explique ici comme dans les cas précédents. « L'aristocratique et religieuse cité, qui se » croyait intéressée à une certaine répartition des for- » tunes et à l'observation régulière des *sacra*, ne pouvait » négliger d'intervenir dans la transmission des patri- » moines et des cultes. Ces motifs nous disent assez que » primitivement le rôle des curies dut ici, comme dans » l'adrogation, ne pas se borner à une approbation de » pure forme : sur l'avis des pontifes elles rejetaient ou » votaient les dispositions du père de famille, qui dans » ce dernier cas se transformaient en une véritable loi ». (Accarias, *Précis de Droit romain*, I, p. 798).

Les comices se réunissaient deux fois par an pour recevoir les testaments des citoyens. Ces comices étaient évidemment à l'origine les comices curiates. Peut-être plus tard les comices centuriates furent-ils substitués pour les testaments aux comices curiates, et faudrait-il voir là les *comitia calata centuriata* dont parle Aulu-Gelle (XV, 27). Gaïus semble implicitement confirmer cette opinion : « Testamentorum autem genera initio duo

____

(1) L'exemple de Clodius est célèbre.

» fuerunt : nam aut calatis comitiis faciebant, quæ co-
» mitia bis in anno testamentis faciendis, destinata
» erant, aut in procinctu, id est, quum belli causa ad
» pugnam ibant : procinctus est enim expeditus et ar-
» matus exercitus ». L'*exercitus* sous les armes, c'étaient
les centuries. Il semble donc bien qu'en temps de paix les
testaments étaient faits devant les comices centuriates.
Nous reconnaissons pourtant que ce n'est là qu'une hypothèse.

e) Inauguration des prêtres. Dans ce cas les curies con-
voquées ne jouaient qu'un rôle passif. Les citoyens
étaient les simples spectateurs de la cérémonie. (Il en
était de même pour les réunions où l'on proclamait le
jour des *nones*.)

§ 3. — DÉCADENCE DES COMICES CURIATES.

Déjà amoindrie par la constitution Servienne et la
création des comices centuriates, l'importance des comices curiates alla toujours en décroissant. Leur organisation ne se modifia point beaucoup, du moins dans la
forme. Mais leurs attributions furent bien diminuées,
surtout à partir de la loi des XII Tables.

La juridiction criminelle (sauf peut-être pour le cas
de *perduellio*) (1) passe au *maximus comitiatus*. La loi

(1) On a, pour soutenir que les *comices curiates* continuèrent de juger,
l'accusation de *perduellio*, allégué le passage de Tite-Live, où est raconté
le procès de Manlius (VI, 20). On a voulu voir dans le *concilium populi*,
où fut traduit Manlius après avoir comparu devant les centuries, les

Publilia Philonis (339 av. J.-C.), ne laisse plus aux curies que le droit d'approuver les projets de lois avant le vote des tribus. La loi Hortensia (287 av. J.-C.) établit une complète égalité entre les lois et les plébiscites.

Les comices curiates conservent plus longtemps le droit de sanctionner l'élection des magistrats. Mais la loi Mœnia le leur enlève, et ils sont dès lors contraints d'accorder par avance leur assentiment au candidat à élire. Les citoyens, — peut-être dès le temps de la seconde guerre punique, — cessent d'assister à ces assemblées dérisoires. Il n'y a plus aux comices curiates que les pontifes, les augures et trente licteurs représentant les trente curies. Même les comices, où l'on inaugurait autrefois les prêtres, ne conservent plus que l'apparence des anciennes formes.

Les assemblées relatives aux droits de famille sont les seules auxquelles on assiste encore. Les vieilles formes du testament sont tombées en désuétude. Mais le peuple est toujours le témoin de l'adrogation, de la *detestatio*

---

comices curiates. — Cette opinion ne nous paraît guère soutenable. Voici du reste les quelques lignes qui peuvent donner lieu à la controverse.

« In campo Martio quum centuriatim populus citaretur, et reus, ad Capitolium manus tendens, ab hominibus ad deos preces avertisset ; apparuit tribunis, nisi oculos quoque hominum liberassent ab tanti memoria decoris, nunquam fore in prœoccupatis beneficio animis vero crimini locum. *Ita prodicta die, in Pœtilinum lucum extra portam Nomentanam, unde conspectus in Capitolium non esset, concilium populi indictum est.* Ibi crimen valuit... ».

A supposer que cette nouvelle assemblée *concilium populi* signifie expressément les *comices curiates* et qu'il y ait là autre chose qu'un simple déplacement des *comices centuriates*, il n'en reste pas moins certain qu'en principe le jugement de l'accusation de *perduellio* appartenait aux *comices centuriates.*

sacrorum. Sous l'empire il y a encore des adrogations, dans des comices fictifs, *auctoritate populi.* Le dernier exemple connu est celui d'Hadrien, adoptant Commode par une loi (Dion Cassius, 49. 20).

Jusqu'aux dernières années de la République la fiction d'une loi curiate était restée nécessaire pour assurer l'*imperium* aux magistrats. Sous l'Empire on ne voit rien de semblable.

Certains auteurs ont voulu trouver, comme un souvenir de l'antique législation romaine et une imitation de la loi curiate *de imperio* dans la loi qui conférait l'*imperium* à chaque empereur nouveau, la *lex regia* du *Digeste* (1. 4). Cette opinion a été vivement combattue.

Cujas et les anciens juristes voulaient voir dans cette loi une sorte d'acte d'abdication du peuple romain qui aurait remis tous ses droits une fois pour toutes entre les mains de l'empereur et de ses successeurs *in infinitum.*

Toute l'histoire de l'empire romain dément cette interprétation. Le sénat n'a jamais été dépouillé, au moins dans la forme, du droit de choisir l'empereur.

Quant aux textes eux-mêmes, ils sont au nombre de quatre : trois sont de Tribonien, le dernier est attribué au jurisconsulte Ulpien (*Institutes,* § 6. 1, 2. — *Dig.* præf. 1, § 7. — L. I, § 7. — C. J. I, 17). Mais ces textes, qui ont pu être inventés ou interpolés par Tribonien, sont contredits :

1° Par un texte de Gaïus (1. 5). *Nec unquam dubita-*

tum est, quin id legis vicem obtineat, quum ipse impera-
tor per legem imperium accipiat.

2 Par un texte de l'empereur Sévère Alexandre (C. J.
6, 23). *Ex imperfecto testamento nec imperatorem here-*
ditatem vindicare posse, sæpe constitutum est. Licet enim
lex imperii solemnibus juris imperatorem solverit, etc.

Cette *lex regia* (*regia* paraît également être une invention de Tribonien) était-elle un vestige de la loi curiate ?

La loi qui conférait l'*imperium* émanait du sénat et
elle était acclamée par le peuple (et non par les 30 licteurs qui représentèrent les curies jusque sous l'empire) au Champ de Mars.

Sur la part du sénat dans l'élection de l'empereur les
textes abondent. Citons deux passages de Tacite :

Histoires, I, 47 : *Accurrunt patres : decernitur Othoni*
tribunitia potestas et nomen Augusti, et omnes principum
honores.

Histoires, IV, 3. *At Romæ senatus cuncta principibus*
solita Vespasiano decernit…

Quant à l'acclamation du peuple au Champ de Mars,
— simple formalité d'ailleurs, — étaient-ce les centuries,
étaient-ce les tribus qui s'en acquittaient ? Mommsen fait
remarquer avec raison que le Champ de Mars était le
lieu de réunion ordinaire des centuries.

Quant aux comices curiates, il ne saurait en être question. Il y avait longtemps qu'ils avaient perdu l'ombre
de leurs dernières attributions politiques.

CHAPITRE II

Ces comices passaient pour les plus importants : *comitiatus maximus, verus populus in campo martio.*

Avant d'étudier comment ces comices se réunissaient et quels étaient les objets de leurs délibérations, il convient de dire brièvement quelle fut l'organisation des centuries romaines.

§ 1. — DES CENTURIES.

La centurie, dans la constitution de Servius Tullius, était la subdivision de la classe. Cette dernière était établie d'après le cens.

Chaque centurie ne comprenait point un nombre égal de citoyens. « Illarum autem sex et nonaginta centuria- » rum in una centuria tum quidem plures censebantur, » quam pæne in prima classe tota » (Cicéron : *de Republica*).

Chaque classe se divisait d'abord en : *seniores,* les citoyens qui avaient atteint 45 ans et *juniores* ceux qui étaient entre 17 et 44 ans accomplis.

Servius établit cinq classes, d'après le cens ; 1re classe : au-dessus de 100.000 as (Aulu-Gelle, — XVI, 10, — dit

125.000 et Pline, — *Hist. nat.* 33.43 — dit 110.000) ;
2e classe : au-dessus de 75.000 ; 3e classe : au-dessus
de 50.000 ; 4e classe : au-dessus de 25.000 ; 5e classe :
au-dessus de 11.000.

Denys d'Halicarnasse parle d'une sixième classe. Mais
il est contredit formellement par tous les auteurs latins.
(Cf. notamment Aulu-Gelle, X, 28.)

Chaque classe se divisait, avons-nous dit, en centuries :
la première en comprenait 80, les trois suivantes 20 ;
la cinquième 30.

En dehors des classes qui constituaient l'infanterie
de l'*exercitus*, — il faut encore compter 18 centuries
équestres, — deux centuries d'ouvriers et deux de musiciens. Enfin une dernière centurie comprenait les *proletarii* et les *capitecensi*. Aulu-Gelle (XVI, 10) nous apprend que les *proletarii* étaient ceux qui d'après le cens
ne possédaient pas plus de 1500 as ; les *capitecensi* étaient
ceux qui possédaient 375 as au plus.

Il y avait en tout 195, 194, ou 193 centuries, suivant
les auteurs.

En dehors de ce chiffre normal, il existait une centurie supplémentaire *ni quis scivit* où personne n'était inscrit d'une manière permanente, mais qui, au moment
du vote, comprenait tous ceux qui ne s'étaient pas
rendus à l'appel de leur centurie régulière. Les origines
et le caractère de cette institution sont très obscures.
Les auteurs en sont réduits à des conjectures (1).

(1) Les *libertini* faisaient-ils partie des centuries ? Un texte de Denys

Cette organisation demeura en vigueur sous la République. Il y eut toujours cinq classes d'après le cens, et les centuries se partagèrent toujours en *juniores* et *seniores*. Mais à une époque indéterminée (Mommsen, Marquardt, Lange, Walter ont proposé des dates diverses), les savants modernes, renouvelant une hypothèse proposée, dès le XVIe siècle, par Pantagathus, soutiennent qu'il y eut une importante réforme des centuries.

La centurie, selon eux, devient alors une subdivision de la tribu locale. Chacune des 35 tribus comprend 10 centuries, deux par classe. Les citoyens, qui, à la fois, font partie de la même tribu et possèdent le cens de la même classe, se partagent ainsi en deux centuries, l'une de *juniores*, l'autre de *seniores*. Il y a 70 centuries par classe. Si on y ajoute les 18 centuries équestres, les 4 centuries d'ouvriers et de musiciens, la centurie des *capite-censi*, on arrive au total de 373 centuries.

En 1881, M. Guiraud (*Revue historique*, t. XVII) a combattu le système admis par Mommsen et les autres savants qui ont écrit sur le droit public romain. Résumons son argumentation:

I. Ni Tite-Live, ni Cicéron, ni Polybe n'ont même fait allusion à cette réforme qui modifia si profondément les institutions romaines. Nous n'avons qu'un témoignage à ce sujet, et il contredit le système de Mommsen ;

d'Halicarnasse (IV, 22. 23) semble l'indiquer. Certains auteurs les rejettent dans la dernière centurie. D'autres les mettent hors des classes en se fondant sur l'esprit général de la constitution Servienne.

c'est un texte de Denys d'Halicarnasse (IV, 21) : « ce système (celui de Servius Tullius) fut conservé par les Romains pendant plusieurs générations ; mais à une époque plus voisine de nous, on a été forcé de le modifier dans un esprit démocratique. Ce n'est pas que les centuries aient été détruites ; on s'est contenté de les interroger dans un ordre différent, comme je l'ai constaté moi-même, ayant assisté souvent aux élections faites dans ces comices ». Il est bien évident qu'il ne s'agit là que de l'abolition du droit primitivement laissé aux chevaliers de fournir la centurie prérogative. On a aussi cru voir une allusion à la réforme des centuries dans un fragment de Salluste : « *Discordiarum et certaminis utrinque finis fuit secundum bellum punicum.* » Mais d'autres fragments du même historien prouvent que ce fut la crainte de l'ennemi et le péril de la patrie et non des réformes d'ordre intérieur qui firent l'union des citoyens.

II. La période où se placerait cette réforme *démocratique* des centuries s'étendrait de l'origine des guerres puniques aux Gracches. Or cette phase de l'histoire romaine est précisément marquée par les progrès de la réaction aristocratique. Les tribus, constituées à l'origine d'après le domicile des citoyens, changent de caractère. Il y eut des tribus distinctes pour les riches et pour les pauvres : « *Rusticæ tribus laudatissimæ eorum qui rura haberent, urbanæ vero, in quas transferri ignominia esset, desidiæ probro.* »(Pline l'Ancien, XVIII, 3). En

312, le censeur Appius Claudius avait, il est vrai, répandu
les pauvres dans toutes les tribus : « *Humillimorum in
manu comitia erant.* » (Tite-Live, IX, 45). Mais, en 304, un
autre censeur, Fabius Rullianus, rejeta cette classe dans
les quatre tribus urbaines. En 220 on exclut les affranchis des tribus rustiques. En 167 on leur ouvre une des
tribus urbaines, mais à condition qu'ils justifient de
30,000 sesterces. Ainsi s'établit la prééminence des tribus rustiques sur les tribus urbaines. Et M. Guiraud
observe : « Puisque la réforme aristocratique des tribus
» est hors de doute, n'est-il pas évident que la réforme
» démocratique des centuries est fort douteuse ? »

III. Il serait également bien invraisemblable que l'on
eût cherché à diminuer la puissance politique de l'argent
au moment même où il prenait dans la société une importance capitale. M. Guiraud rappelle les grands travaux de Rome commencés par le censeur Appius Claudius 312), la première monnaie d'argent, frappée en
269, la première monnaie d'or frappée en 209, le goût
du luxe sans cesse grandissant et enfin l'importance
croissante toujours dans l'État de la classe des chevaliers, celle-là qu'aurait atteinte surtout la prétendue
réforme des centuries.

IV. La définition des comices centuriates donnée tant
par Aulu-Gelle (d'après Lælius Felix, XV, 27) : « *cum ex
censu et ætate centuriata* » que par Cicéron : (*De leg.* III,
19.) « *Descriptus populus censu, ordinibus, ætatibus plus
» adhibet ad suffragium consilii quam fuse in tribus*

» *convocatus* » prouve qu'aux yeux des anciens le domicile ne jouait aucun rôle dans la formation des centuries. Quant à un passage d'Appien cité par Mommsen à l'appui de sa thèse : « Ils (Sylla et Q. Pompeius consuls) » demandèrent que l'on votât non par tribus, mais par » centuries, comme le roi Tullius l'avait ordonné ; ils » espéraient que par ce moyen les suffrages cesseraient » d'être aux mains des pauvres et seraient aux mains » des riches », cela signifie simplement que Sylla voulut abolir les comices par tribus et les remplacer par les comices centuriates en toute occasion. D'autre part un récit de Tite-Live (XXIII, 16) prouve qu'en 169 le mode de voter adopté dans les comices centuriates n'avait pas changé. Huit centuries de chevaliers et beaucoup de centuries de la première classe avaient condamné un accusé. Un revirement d'opinion se produit. Dès lors les autres centuries votent l'acquittement qui n'est prononcé qu'à huit voix de majorité, — ce qui démontre que les chevaliers et les citoyens de la première classe avaient presque la majorité. Or dans le système de Mommsen ils n'auraient eu que 89 voix sur 373.

V. Enfin M. Guiraud allègue à l'appui de sa thèse le texte, malheureusement mutilé, du *de Republica* de Cicéron, II. 22. Le manuscrit porte deux leçons : « Nunc rationem videtis esse talem ut equitum centuriæ cum sex suffragiis et prima classis addita centuria q. ad summum usum urbis fabris tignariis est data LXXXVIII centurias habeat quibus ex cent. quattor centuriis tot

enim reliquæ sunt octo solæ si accesserunt cofecta est
vis populi universa ». Cette leçon est assez claire : 89
classes d'une part, 104 de l'autre ; en tout 193. Mais ce
ne sont là sans doute que des corrections de copiste. La
leçon primitive est à peu près inintelligible : « Nunc
rationem videtis esse talem ut equitum certamine cum
et suffragiis et prima classis addita centuria q. ad summum usum urbis fabris tignariis est data VIII centurias
tot enim reliquæ sunt octo solæ si accesserunt cofecta
est vis poli universa ». A travers les lacunes de ce texte,
M. Guiraud découvre que huit centuries, ajoutées à celles
des chevaliers et de la première classe, font la majorité. A ceux qui soutiendraient que ce sont là des allu-
sions au temps passé et non la réalité à l'époque où
dialoguent les personnages de Cicéron, il suffit d'opposer le *videtis esse* du texte qui est bien clair et bien significatif.

Après avoir écarté l'idée d'une réforme qui aurait porté
à 373 le nombre des centuries, M. Guiraud a proposé
une hypothèse nouvelle.

Sans doute l'assemblée centuriate n'est point demeu-
rée immuable. Les textes prouvent qu'il a existé depuis
le début de la deuxième guerre punique un rapport nu-
mérique entre les tribus et les centuries *(centuria)*
unius tribus pars (Cic., *Pro Plancio*, 20).—*Singulæ tribus*
habebant suas centurias juniorum et seniorum (Scholiaste
d'Horace, cité par Mommsen). — *Nec mirari oportet*
hunc ordinem qui nunc est post expletas quinque et tri-

ginta tribus duplicato earum numero centuriis juniorum seniorumque ad institutam ab Servio Tullio summam non convenire (Tite-Live, I, 43). Enfin Tite-Live cite comme centurie l'*Aniensis juniorum* et la *Veturia juniorum* (XXIV, 7 et XXVI, 22). Ces mots seuls indiquent la combinaison du système centuriate et du système tribute.

Du texte de Cicéron on peut conclure que la première classe contenait 70 centuries. Pour arriver à former la majorité (97 sur 193 voix), il faut additionner les centuries équestres, celles de la première classe, huit de la seconde et la centurie des *fabri tignarii*. Il suffit donc de retrancher de 93 les centuries équestres, huit centuries de la seconde classe, une centurie d'ouvriers ; on arrive ainsi au chiffre de 70. Or comme il y avait 35 tribus, on est amené à penser que la première classe renfermait 2 fois autant de centuries qu'il y avait de tribus et que chaque groupe de 2 centuries (*juniores et seniores*) était désigné par un nom de tribu.

De ce que la première classe contenait 70 centuries, il ne s'ensuit pas que chacune des cinq classes fût pareillement composée. Le contraire même est vrai, si l'on interprète, comme l'a fait M. Guiraud, le texte du *de Republica*, et si l'on considère que le total de 193 centuries n'a pas changé. Quant à la répartition des dix centuries qu'a perdues la première classe, on en est réduit aux conjectures.

En résumé, pour M. Guiraud la réforme des centuries

a consisté dans ce fait que dans chaque tribu il y eut
désormais deux centuries de la première classe, et que
cette nouvelle organisation entraîna la diminution du
nombre total des centuries de cette classe, réduit de 80
à 70.

Mommsen s'est rangé à l'opinion exprimée par M. Guiraud (Cf. *le Droit public romain*, par Th. Mommsen, traduit par M. Girard, pp. 305 et sqq.). Néanmoins il per-
siste à voir dans la réforme des centuries une œuvre
démocratique. Le mot est peut-être ici bien fort. Mais il
est pourtant certain que l'abaissement du nombre des
voix de la première classe de 80 à 70 ne fut pas une vic-
toire de l'aristocratie romaine. Le chiffre des voix des
autres classes se trouvait élevé d'autant ; et on retirait
ainsi à la première classe le droit de décider seule du
vote avec les centuries de chevaliers qui en fait lui appar-
tenaient.

En même temps que s'opérait cette réforme politique,
une révolution économique se produisait à Rome vers la
fin de la première guerre punique ; l'*as* ayant perdu
beaucoup de sa valeur réelle (un as *libralis* valait six as
sextantaires), le cens dut être élevé. Dans quelles pro-
portions ? Nous n'examinerons pas cette question, qui a
donné lieu à d'interminables discussions entre les savants, mais qui est étrangère au sujet particulier que
nous voulons traiter ici.

§ 2. — ORGANISATION ET DÉLIBÉRATIONS DES COMICES CENTURIATES.

Dans ces comices le vote était établi par centurie. Or de l'exposé sommaire qui précède il résulte que la première classe formait à elle seule la majorité des centuries et que les centuries de *seniores*, qui comprenaient moins de citoyens, égalaient en nombre les centuries de *juniores*. Les dix-huit centuries équestres votaient les premières (*centuriæ prærogativæ*). Les deux centuries d'ouvriers votaient avec la première classe. Les deux centuries de musiciens votaient soit avec la quatrième soit avec la cinquième classe.

Cette organisation avait un double but quand elle fut établie par Servius Tullius : admettre les plébéiens à l'exercice des droits civils et assurer la prépondérance aux plus riches.

Plus tard deux grandes modifications furent introduites dans les comices centuriates :

1° Le système des centuries se combina avec le système des tribus. Suivant qu'on admet le système de Panthagatus ou le système développé par M. Guiraud et depuis repris par Mommsen, — le caractère des comices a été plus ou moins profondément modifié. Il est facile d'apercevoir les conséquences de la réforme des centuries au point de vue du vote, — dans l'une et l'autre opinion. Nous avons déjà indiqué comment se formait la majorité, si l'on suit l'interprétation donnée par

M. Guiraud du texte du *de Republica*. Si l'on admet au contraire que le nombre des centuries a été porté à 373, la majorité serait de 187 : dès lors il eût été toujours nécessaire d'appeler au vote la deuxième et la troisième classes.

2° Le droit de voter avant toutes les autres ne fut plus réservé aux *centuries équestres* mais à une centurie quelconque de la première classe tirée au sort (Tite-Live, XXIV, 7. — XXVI, 22. — XXVII, 6).

En principe les comices centuriates étaient l'assemblée militaire des citoyens romains. Ils ne pouvaient donc être convoqués et présidés que par un magistrat investi de l'*imperium militare* par une loi curiate. Le dictateur et les consuls étaient les présidents ordinaires des comices. Les *quæstores parricidii* (1) et plus tard à leur place le *prætor urbanus* (2) eurent le droit de convocation mais seulement pour les comices judiciaires. Les *censeurs* (3) purent aussi les convoquer mais pour une *lustratio*, c'est-à-dire pour faire le recensement.

Le magistrat, chargé de présider les comices, les convoquait par un édit spécial *(comitia edicere)* affiché dans la ville, porté par des messagers dans la campagne. Le délai entre l'édit et le jour de l'assemblée était d'a-

____

(1) Denys d'Halicarnasse, VIII, 76.

(2) Tite-Live, XXVI, 3: *diemque comitiis a Calpurnio prætore urbis petit,* (dans le procès de Cn. Fulvius). Aulu-Gelle, VII, 9 : *Denique Licinius tribunis plebi perduellionis ei diem dixit, et comitiis diem à M. Marcio prætore peposcit.*

(3) Cicéron, *De legibus*, III, 4.

bord de 30 jours. Mais une loi Cæcilia Didia (1) (98 avant J.-C.) consacra pour les comices par centuries l'usage déjà adopté pour les comices par tribus, du délai *trinundinum* (17 jours).

Ce délai était mis à profit soit par les candidats pour se concilier des suffrages, soit par les auteurs des projets de loi pour les faire adopter par avance dans des réunions préparatoires (*conciones*).

Les comices dans le principe ne pouvaient pas être convoqués les jours néfastes. Mais comme les jours fastes ne pouvaient suffire pour les plaids et pour les comices, on créa les *dies comitiales* (2). Les *nundinæ* passaient d'abord pour néfastes ; on donnait le prétexte de ne pas détourner les campagnards de leurs affaires ; en réalité on voulait diminuer l'affluence des plébéiens dans les comices. Mais les *nundinæ* étant les jours que les tribuns choisissaient de préférence pour réunir les tribus. La loi Hortensia généralisa cet usage.

Pour les comices électoraux, il y avait une époque fixe (3) (*comitiorum tempus*), sauf intervention du sénat qui pouvait les retarder. En outre les élections devaient se faire dans un certain ordre.

---

(1) Cicéron, *Pro domo*, 16 : Si, *quod in ceteris legibus trinum nundinum esse oportet*, id in adoptione satis ut, trium esse horarum, nihil reprehendo ; sin eadem observanda sunt, si decrevit senatus, M. Drusi legibus, quæ contra legem Cæciliam et Didiam latæ essent, populum non teneri, etc...

(2) *Est quoque, quo populum jus est includere septis*. Ovide. *Fastes*, I. 53.

(3) Tite-Live, XXV, 2 : *Comitiorum consularium jam appetebat tempus.*

Les comices centuriates se réunissaient au Champ de Mars, dans un emplacement consacré (*templum*) (1).

Comme avant les autres assemblées publiques, avant les comices centuriates le magistrat qui devait présider la réunion prenait les auspices ou chargeait un augure de ce soin. A l'origine aux comices centuriates on consultait le vol des oiseaux ; plus tard on regarda de quelle façon se gavaient les poulets sacrés (2). Tout présage fâcheux faisait renvoyer les comices à un autre jour.

Les auspices servirent en plus d'une occasion aux praticiens pour empêcher la tenue d'une assemblée qui les inquiétait. Tout magistrat pouvait faire remettre une réunion des comices en manifestant son intention d'observer le ciel *(servare de cœlo)* le jour où devait avoir lieu l'assemblée. Il pouvait aussi, en opposant des auspices défavorables aux auspices favorables d'un autre magistrat égal ou inférieur, *avocare comitia vel concionem.*

Les auspices pris, les comices étaient convoqués. A l'origine cette assemblée avait un caractère militaire ; un *accensus* appelait le peuple qui se présentait équipé en guerre *(classis procincta)*. Dans la suite l'*accensus* fut remplacé par un *augur* et les citoyens furent dispensés de se présenter en tenue de combat, sauf pour le recen-

(1) Il y eut parfois des sortes d'assemblées centuriates tenues par l'armée en campagne. Mais ces réunions passèrent toujours pour illégales. Tite-Live, XXVI, 2 : *Rem mali exempli esse imperatores legi ab exercitibus ; et solenne auspicatorum comitiorum in castra et provincias, procul a legibus magistratibusque, ad militarem temeritatem transferri...*
(2) Plutarque, *Tib. Gracchus*, 19.

sement. Un étendard rouge était arboré sur le Capitole.

Le président énonçait la *rogatio*. Les magistrats et les *privati* prenaient la parole. (Il y avait pour les comices judiciaires quelques formalités spéciales que nous énumérerons en étudiant la juridiction des centuries.)

La discussion close, le magistrat président donnait l'ordre à l'assemblée de se diriger vers le lieu du vote. Dans le principe, le peuple s'y rendait avec ses enseignes, sous la conduite des centurions. Ce cérémonial tomba en désuétude à mesure que se perdit le caractère militaire des comices centuriates.

Pour le vote, les citoyens entraient dans les *sæpta*, enclos formés d'abord de cordes, puis de barrières On éleva plus tard un édifice couvert et garni de marbres. Les 80 *sæpta* aboutissaient à un passage étroit (*pons*) que chaque citoyen traversait, en donnant son suffrage au *rogator* (*inire suffragium*), pour sortir dans l'*ovile*. Le vote secret par écrit (1) fut ordonné par la loi *Gabinia* (32 av. J.-C.) pour les comices électoraux, par la loi *Cassia* (617 de Rome) pour les comices judiciaires, par la loi *Papiria* (623 de Rome) pour les comices législatifs, et enfin par la loi Cælia (647 de Rome) pour les jugements du crime de *perduellio ;* il fut dès lors exprimé sur des *tesseræ* ou *tabellæ. Uti rogas* était la formule

(1) Cicéron, *De legibus*, III, 16 : *Sunt enim quatuor leges tabellariæ : quarum prima de magistratibus mandandis ; ea est Gabinia... Secuta biennio post Cassia est, de populi judicio... Carbonis est tertia de jubendis legibus ac vetandis... Uno in genere relinqui videbatur vocis suffragium, quod ipse Cassius exceperat, perduellionis. Dedit huic quoque judicio. Cœlius tabellam...*

affirmative ; *antiquo* (*antiqua probo*) la formule du rejet.

Sous Servius Tullius, les centuries équestres votaient dans leur ordre et, après elles, les centuries de la première classe. Ce fut toujours, — même après la réforme des centuries, — la première classe qui vota la première. Mais sur les 88 ou les 70 centuries qui la composaient, on tirait au sort celle qui aurait le droit de voter avant les autres. Le magistrat, si le vote de cette première centurie le mécontentait (1), pouvait la rappeler aux *sæpta* et la faire voter de nouveau. Si, au contraire, il admettait le résultat obtenu, il proclamait le vote et les autres centuries donnaient leurs suffrages (*jure vocatæ*). Lorsque la première classe avait achevé de voter, les suffrages de chaque centurie étaient annoncés par le président. L'ordre dans lequel les votes étaient proclamés (*renuntiatio*) était déterminé pour les 35 tribus par un nouveau tirage au sort (*sortitio tribuum*). Jusqu'à la loi *Sempronia* de C. Gracchus, ce tirage au sort ne désignait que l'ordre dans lequel devait se faire la *renuntiatio* des centuries, dans l'intérieur de chaque classe, la seconde classe continuant de voter tout entière après la première et ainsi de suite. Il fut décidé aux termes de cette loi que toutes les centuries tireraient au sort *sans*

(1) Tite-Live (XXIV, 7 et 8) en rapporte un exemple mémorable. Le consul Quintus Fabius présidait les comices pour l'élection des consuls. La centurie des *juniores* de l'Anio avait été désignée par le sort pour voter la première. Elle avait élu T. Otacilius et M. Emilius Regillus. Q. Fabius mécontent de ce choix adresse un discours au peuple et le termine ainsi : « *Præco, Aniensem juniorum in suffragium revoca* ». La centurie retourna au vote et Q. Fabius fut élu consul pour la quatrième fois.

distinction de classe leur rang *de vote*. Mais au temps de Cicéron, on en était revenu à l'ancien système.

Lorsque la majorité était obtenue, le président annonçait le résultat définitif du vote ; les autres centuries n'étaient pas appelées à exprimer leurs suffrages. Certains savants ont soutenu qu'après la réforme des centuries, toutes eurent toujours le droit de voter. Mais, rien dans les textes ne paraît confirmer cette hypothèse.

§ 3. — ATTRIBUTIONS DES COMICES CENTURIATES.

Ces attributions étaient de trois sortes : *législatives, électorales, judiciaires.*

Avant d'étudier ces trois ordres d'attributions, nous devons d'abord élucider une question que se sont posée les historiens : sous la royauté y a-t-il eu à proprement parler des comices centuriates ? Le rôle politique de ces assemblées ne commence-t-il qu'avec la République ?

Pour ce qui est des attributions judiciaires, il semble qu'elles aient sous la royauté appartenu toutes au roi et aux curies.

Les élections paraissent également avoir été remises à l'assemblée curiate.

On a soutenu qu'au point de vue législatif, les centuries avaient été aussi sans droit à l'origine.

M. Belot enseigne que l'organisation servienne des centuries était purement militaire, et qu'elle n'avait qu'un but : former des cadres de recrutement. Quant à la réunion des centuries au Champ de Mars, elle n'aurait été « qu'une simple opération de statistique destinée à faire connaître le nombre et la richesse des défenseurs de Rome ».

Ce système est en contradiction avec la tradition, telle que nous la trouvons relatée dans tous les auteurs latins. Cicéron (*de Republica*, II, 22) assigne un but politique à la réforme de Servius « *ut suffragia non in multitudinis, sed in locupletium potestate essent* ». Tite-Live (1. 43) : *gradus facti ut neque exclusus quisquam suffragio videretur et vis omnis penes primoreis civitatis esset.*

On pourrait peut-être alléguer un passage de Cicéron que nous citons plus loin sur la loi Valeria *quæ centuriatis comitiis prima lata est.* Mais nous ne croyons pas que cette phrase signifie que la loi Valeria fut la première loi votée par les comices centuriates. J. V. Leclerc traduit ainsi ce passage : « Mais il mérita surtout le nom de Publicola en proposant la première loi que les comices par centuries adoptèrent sur l'appel au peuple... ». Ce qui confirme cette interprétation, c'est que Cicéron énumère ensuite les autres lois relatives à la même matière. Il s'agit dans tout ce paragraphe du *de Republica* non pas des comices mais de la *provocatio*.

Dès leur origine, sous la royauté, les comices centuriates ont donc joué un rôle politique. Il est bien difficile d'ailleurs de préciser dans quelle mesure leur action s'est combinée avec celle des curies. Néanmoins il semble, d'après les auteurs anciens, qu'ils aient dès le règne de Servius Tullius voté les lois sur la *rogatio* du roi. Les curies n'auraient donc eu dès lors, — comme plus tard, — qu'à fournir leur *auctoritas*.

A. Attributions législatives.

Les lois étaient votées par les centuries assemblées. Mais la souveraineté de ces comices ne fut jamais absolue, illimitée. Les autres pouvoirs de l'État avaient aussi leur part dans l'œuvre de la législation à Rome. Quelles étaient les limites de la compétence législative des comices centuriates ?

a) *Auctoritas senatus.* Avant Jules César aucun projet de loi ne fut présenté aux comices centuriates *sine auctoritate senatus.* Cette *auctoritas* était généralement exprimée dans la forme d'un sénatus-consulte préalable. Les déclarations de guerre ne pouvaient être faites par le peuple sans un avis du sénat. Mais fallait-il, là encore, un *sénatus-consulte* ? Salluste (*Bellum Jugurthinum*, 39) emploie le mot *jussus.* Peut-être n'est-ce qu'une impropriété d'expression. En 167 av. J.-C. on proposa au peuple une déclaration de guerre *sine auctoritate senatus* (1). Quant aux traités de paix et d'alliance, il

(1) Tite-Live (XLV, 21) après avoir relaté que le préteur porta directement la *rogatio* devant les comices ajoute : *Sed et prætor novo maloque exemplo rem ingressus erat, quod, ante non consulto senatu, non consulibus certioribus factis, de sua unius sententia rogationem ferret,* « *vellent, juberentne, Rhodiis bellum indici ?* » *quum antea semper prius senatus de bello consultus esset, deinde ex auctoritate Patrum ad populum latum.*

Ce passage indique clairement qu'avant cette date il n'y avait pas eu dérogation à l'usage de prendre l'avis préalable du sénat.

ne paraît pas qu'on ait jamais dérogé à la règle de l'*auctoritas senatus*.

b) *Auctoritas patrum*. Nous avons à propos des comices curiates expliqué ce qu'il fallait entendre par ces mots. Toute loi centuriate devait recevoir la sanction des curies. Il en fut ainsi jusqu'à la loi Publilia Philonis, qui réduisit cette sanction à une pure formalité, puisqu'elle obligea les curies à approuver par avance les décisions des centuries.

c) *Droits du magistrat président*. Les comices ne peuvent délibérer et légiférer que sur la *rogatio* du magistrat qui les préside. Nul ne peut en amender les termes. Il faut l'accepter ou la rejeter en bloc. Nous avons dit plus haut comment ce magistrat pouvait tirer parti des auspices. Il peut aussi refuser au sénat de porter une *rogatio* aux comices et, comme le sénat ne saurait se passer de l'intermédiaire d'un magistrat patricien pour consulter les centuries, celles-ci ne sont point appelées à voter. Le magistrat peut enfin faire tomber une décision des comices en refusant de proclamer (*renuntiare*) le vote. (Nous avons cité l'exemple de Q. Fabius.)

Toutes ces limitations du pouvoir législatif des comices n'étaient point écrites ; elles résultaient des *mores majorum*.

Les lois des centuries furent surtout des lois politiques. Ces comices s'occupèrent peu du droit privé. L'édit du préteur d'une part et les lois tributes de l'autre sont les sources principales du Droit privé des Romains. (La loi des XII Tables est pourtant une loi centuriate.)

Parmi les lois qui étaient réservées spécialement aux comices centuriates, il faut citer, selon M. Mispoulet (*op. cit.* I, p. 220), la *lex de bello indicendo* et la *lex de potestate censoria* qui remplace, pour les magistrats inférieurs, la *lex curiata de imperio* indispensable pour les magistrats dont la fonction comporte l'*imperium*.

Depuis la loi Hortensia, qui assimila les plébiscites aux lois, les comices centuriates ne firent plus guère de lois. Sylla leur rendit quelque activité. Mais, après lui, on ne cite que bien peu de lois centuriates. Les dernières furent peut-être les lois Vibiæ (43 av. J.-C.).

B. Attributions électorales.

Nous retrouvons ici les mêmes restrictions au pouvoir des comices centuriates que nous avons indiquées plus haut à propos de leurs attributions législatives. Même nécessité de l'*auctoritas patrum*, c'est-à-dire de l'approbation des comices curiates. Même droit reconnu au magistrat président de présenter la *rogatio*, c'est-à-dire ici d'exclure le candidat dont il ne veut pas, et de refuser la proclamation du vote. Même obligation de respecter l'*auctoritas senatus*, c'est-à-dire de se conformer à la proposition du sénat. (Cette restriction fut écartée en 273 de Rome, d'abord au profit de l'un des consuls dont l'élection devint libre de toute candidature imposée (1).

______

(1) Cette différence dans l'élection des deux consuls résulte clairement de deux passages de Tite-Live (II, 43, 56).

Lorsqu'après le décemvirat le consulat fut rétabli, la même liberté paraît avoir été donnée aux comices pour le choix des deux consuls.) Enfin tout magistrat, élu par les centuries, devait, pour posséder l'*imperium*, en être investi par une *lex curiata de imperio*. La loi Mœnia, vers 287 avant J.-C., consacra l'usage, qui s'était établi depuis dix ans environ, de ne plus exiger des curies qu'une ratification préalable et de pure forme.

Les candidats aux fonctions que donnait le vote des centuries n'étaient dans le principe astreints à aucune déclaration, à aucune démarche. Plus tard la candidature dut être posée *(professio)* avant le *trinundinum* qui précédait le vote et le candidat assistait aux comices.

Les magistrats qu'élisaient les centuries, étaient: les consuls et tous les magistrats dont les fonctions sont ou un équivalent (tribuns consulaires, décemvirs) ou un démembrement (censeurs, préteurs) des pouvoirs consulaires. Exceptionnellement les centuries nommèrent une fois un prodictateur (537 de Rome. — Liv. 22, 8).

C. Attributions judiciaires.

Les comices centuriates statuaient :
1° Sur la *provocatio ;*
2° Sur toutes les accusations (*crimina*) qui leur étaient déférées par un magistrat ayant le *jus agendi cum populo.*

a. — Provocatio.

Nous avons exposé dans le chapitre I les conjectures les plus admissibles sur l'institution de la *pro-vocatio* à l'époque royale. Le droit de juger ce recours appartenait alors aux comices curiates. La plus grande incertitude règne sur le point de savoir à quelle date il passa aux comices centuriates. Les uns prétendent que la loi *Valeria de provocatione* (509 av. J.-C.) les en a investis (Willems, *op. cit.*, p. 173) ; les autres soutiennent que cette juridiction a appartenu aux comices curiates jusqu'à la législation décemvirale (Walter, *Histoire du Droit romain*, § 40).

La *provocatio*, sous la République, passait pour le palladium des libertés, *patrona civitatis ac vindex libertatis*, dit Cicéron (*De or.* 2, 48).

Sur l'origine de la *provocatio* il existe au *Digeste* un texte ainsi conçu (1. 2, 2, § 16) : *Exactis deinde regibus consules constituti sunt duo, penes quos summum jus uti esset, lege rogatum est. Dicti sunt ab eo, quod plurimum reipublicæ consulerent : qui tamen, ne per omnia regiam potestatem sibi vindicarent, lege lata factum est, ut ab eis provocatio esset, neve possint in caput civis romani animadvertere injussu populi: solum relictum est iis ut coercere possent, ut in vincula publica duci juberent.* De ce texte on pourrait être tenté de conclure qu'il n'y avait point de *provocatio* sous la royauté. Mais nous nous sommes déjà expliqué sur ce point.

La loi, dont il est question au *Digeste*, est la loi Valeria (509 av. J. C.). Cicéron dit expressément (*De Rep.* II, 31) : « *Idemque, in quo fuit Publicola maxime, legem ad*

*populum tulit eam, quæ centuriatis comitiis prima lata
est, ne quis magistratus civem romanum adversus provocationem necaret neve verberret.* » Nous savons donc que
la *provocatio* a existé dès l'origine du consulat contre
toute sentence d'un consul ordonnant qu'un citoyen
serait mis à mort ou frappé.

Cette voie de recours fut ouverte contre les sentences
analogues de tous les magistrats.

Cicéron *(loc. cit.)* nous apprend encore que la loi des
XII Tables permit la *provocatio* pour toute condamnation *(omni judicio pœnaque provocari licere)*, et que les
consuls Valérius Potitus et Honorius Barbatus défendi-
rent par une loi de leur consulat *ne quis magistratus sine
provocatione crearetur* (449).

On ignore la portée d'une troisième loi *Valeria* (300)
sur la *provocatio*, citée par Tite-Live (1) ; et on ne sait
s'il faut attribuer à une loi Porcia ou à une loi Sempronia (123) cette innovation que la *provocatio*, d'abord
interdite *longius ab Urbe mille passuum* (2), fut permise
dans toute l'étendue de l'État romain.

La *provocatio* s'exerce contre tous les magistrats,
excepté les dictateurs et les consuls, lorsqu'ils sont ou
dans l'exercice de leur *imperium* militaire ou bien investis du pouvoir dictatorial par un sénatus-consulte : « Vi-

______

(1) Tite-Live, X, 9 : **M.** *Valerius consul de provocatione legem tulit dili-
gentius sanctam..... Tertia ea tum post reges exactos lata est, semper a
familia eadem. Causam renovandæ sœpius haud aliam fuisse reor quam
quod plus paucorum opes quam libertas plebis poterat...*

(2) Tite-Live, III, 20 : *neque enim provocationem esse longius ab Urbe
mille passuum.*

» deant consules ne quid respublica detrimenti capiat ».
(Cicéron, *De Republica*, 1, 40 et Catil. I, 2). Mais ce droit
d'enlever au citoyen la garantie du *jus provocationis* par
une loi de salut public fut toujours contesté au sénat
comme contraire à la loi des XII Tables.

La procédure de la *provocatio* n'est pas dirigée par les
consuls devant les comices centuriates, mais par des
magistrats spéciaux, *quæstores parricidii* quand il s'agit
d'un crime contre un particulier, *duumviri perduellionis*, quand il s'agit d'un crime politique.

A côté de ces magistrats on voit bientôt figurer les
tribuns dans la *provocatio*. Comme ils n'avaient pas le *jus
agendi cum populo*, une loi restée inconnue a dû leur
conférer ce droit particulier. En tout cas les textes, qui
nous montrent des tribuns poursuivant la *provocatio* devant les centuries, indiquent qu'il leur fallait demander
l'autorisation du préteur *(diem a prætore (1) petere)*.
Pourquoi le préteur et non le consul ? Des auteurs soutiennent que les textes en question ne visent que des
circonstances où le consul était absent et où le préteur
le remplaçait (2). (Mispoulet, *op. cit.*, I, p. 226.)

Les formes de la procédure de la *provocatio* devant

(1) Tite-Live, XV, 3 : *Sempronius perduellionis se judicare Cn. Fulvio
dixit diemque comitiis a C. Calpurnio prætore urbis petit.* — Le même,
LXIII, 16 : *utrique censori perduellionem se judicare pronuntiavit diemque
comitiis a C. Sulpicio prætore urbano petiit.* — Aulu-Gelle : VII, 9
(texte déjà cité).

(2) Cicéron, *Epistolæ*, X, 12 à Plancus : *Placuit nobis, ut statim ad Cor-
nutum prætorem urbanum litteras deferremus qui, quod consules aberant,
consulare munus sustinebat more majorum.*

les comices centuriates sont les mêmes que celles de tout autre procès criminel. Elles seront étudiées plus loin.

b. — Accusations déférées aux comices centuriates par tout magistrat ayant le jus agendi cum populo.

Les comices centuriates eurent depuis la loi des XII Tables la plénitude de la juridiction criminelle en matière pénale (*quæ de capite civis romani, nisi comitiis centuriatis, statui vetaret.* Cic. *De Rep.*, II, 36). Ils connurent de toute accusation qui leur était déférée par un magistrat ayant le *jus agendi cum populo :* le *quæstor parricidii*, le préteur, même les édiles pour « *des délits légers* (1) ». L'absence des consuls à ces procès a étonné beaucoup de savants. On a dit que les « consuls n'usaient » point de leur droit par des sentiments de haute conve- » nance » (*Dictionnaire des antiquités*, v° *Comices*). Les tribuns, comme pour la *provocatio*, ont pu réunir les comices centuriates pour des *judicia publica* en première instance (Aulu-Gelle, VII, 9), mais sous la condition de demander le jour et les auspices au magistrat patricien. Le magistrat qui veut accuser un citoyen le somme de comparaître devant le peuple à un jour fixé. C'est la *dici dictio* (2). Si l'accusé ne fournit caution, il est emprisonné.

(1) *Dictionnaire des antiquités*, v° *Comices*. — Il faudrait s'entendre sur le sens du mot : *légers*. Car on lit dans Tite-Live (VIII, 42) : *quod eum, die dicta ab œdilibus, crimine stupratæ matris familiæ absolvisset.*
(2) Tite-Live, II, 41 ; III, 33.

Une première *concio* est convoquée. Le magistrat y formule son accusation. L'accusé se défend. Les témoins sont entendus. Ces opérations se poursuivent d'ailleurs dans deux autres *conciones* réunies à de courts intervalles. A la fin de chacune d'elles le magistrat annonce la date de la prochaine réunion. Ces réunions *(prima, secunda, tertia accusatio)* forment dans leur ensemble l'*anquisitio*.

Après le délai réglementaire du *trinundinum*, les comices sont réunis et appelés à statuer sur l'accusation *(quarta accusatio)* (1). Le peuple condamne à la peine requise par le magistrat ou acquitte. C'est le *judicium*. Le vote a lieu comme dans les comices législatifs ou électoraux. Tant que le vote n'est pas terminé, l'accusé a le *jus exulandi*.

Si le vote ne peut être achevé le jour de la *quarta accusatio*, « tota causa judiciumque sublatum est ».

Peu à peu les comices centuriates perdirent leurs attributions judiciaires, non qu'une loi les en ait jamais privés, mais de nouvelles institutions enlevèrent au peuple le jugement des affaires criminelles.

Le Sénat créa des *quæstiones extraordinariæ*, sortes de tribunaux d'exception, dont il désignait lui-même le magistrat président et dont les décisions étaient sans

---

(1) Cicéron, *De domo*, XVII : *Nam, quum tam moderata judicia populi sint a majoribus constituta, primum... ; deinde, ne, nisi prodicta die, quis accusetur ; ut ter ante magistratus accuset, intermissa die, quam mulctam irroget, aut judicet ; quarta sit accusatio trinum nundinum prodicta die, qua die judicium sit futurum...*

appel. Les comices eux-mêmes déléguèrent parfois aussi leur juridiction à des tribunaux analogues. Enfin, à la fin du VI° siècle de Rome, on commença à instituer régulièrement des *quæstiones perpetuæ*, véritables cours d'assises, dont chacune était spéciale pour des délits particuliers, et qui siégeaient sous la présidence des préteurs. Leurs sentences étaient sans appel.

Néanmoins le peuple ne cessa jamais d'être en principe investi du droit de juger les causes criminelles, et, jusqu'à la fin de la République, les comices centuriates connurent toujours de l'acccusation de *perduellio*.

En matière criminelle, les décisions des comices centuriates ne furent jamais soumises à l'*auctoritas patrum*.

§ 4. — DES COMICES CENTURIATES SOUS L'EMPIRE.

Lorsque, dans le chapitre suivant, nous étudierons la création et les progrès des comices tributes, nous ferons du même coup l'histoire de la décadence des comices centuriates. Ceux-ci ne perdirent à la vérité aucun de leurs droits. Mais leur influence politique décrut à mesure que l'assemblée des tribus conquérait des prérogatives égales.

Indiquons simplement ici ce qu'il advint du *maximus comitiatus* sous l'Empire.

Auguste avait conservé l'ancienne organisation des classes et des centuries. Il autorisa même les décurions des colonies et des municipes à envoyer leurs suffrages à Rome par écrit. Mais le cens ne se faisait plus régulièrement. Les anciennes divisions en classes s'effacèrent vite. Il ne resta plus des comices centuriates de la République que les formes extérieures et le cérémonial des assemblées.

Dès le règne d'Auguste toute juridiction répressive passa aux tribunaux ordinaires et en certains cas au Sénat.

Tibère confia au Sénat le choix des magistrats (1). Caligula tenta, il est vrai, de rendre aux comices leurs droits électoraux ; mais il fut obligé de revenir au système de Tibère (2). Au III⁰ siècle l'élection des candidats appartenait à l'empereur. Cependant on annonçait encore les élections au forum avec les rites d'autrefois (3).

Quant au pouvoir législatif des comices centuriates, depuis la mort d'Auguste, les auteurs n'en retrouvent plus de vestiges.

Au IVᵉ siècle les comices centuriates étaient oubliés et on en parlait comme d'une antiquité.

(1) Tacite, *Annales*, I, XV. *Tum primum e campo comitia ad patres translata sunt ; nam ad eam diem, et si potissima arbitrio principis, quædam tamen studiis tribuum fiebant. Neque populus ademptum jus questus est, nisi inani rumore ; et senatus, largitionibus et precibus sordidis ex solutus, libens tenuit, moderante Tiberio ne plures quam quatuor candidatos commendaret, sine repulsa et ambitu designandos.*

(2) Suétone, *Caligula*, 16.

(3) Trajan, du moins, voulut se soumettre à tout ce cérémonial. Pline nous en a laissé le récit enthousiaste dans le *Panégyrique*, 63 et sqq.

CHAPITRE III

DES COMICES TRIBUTES.

§ 1. — LES « CONCILIA PLEBIS » JUSQU'AU PLÉBISCITE DE PUBLILIUS
VOLERO (471 avant Jésus-Christ).

La plèbe, qui était exclue, à l'origine du moins, des comices curiates, figurait dans les comices centuriates. Cependant nous avons vu que l'organisation particulière de ces assemblées ne lui laissait presque aucune influence dans le vote des décisions.

Mais la plèbe, que les patriciens tenaient à l'écart des affaires publiques, s'organisa et tint ses réunions particulières qui, dans la suite, devinrent les assemblées plénières du peuple romain.

Les *comitia tributa* tirent leur origine des *concilia plebis*.

Après la chute des rois, la plèbe formait dans l'intérieur de la cité une véritable corporation (*sodalitium*), qui avait son autonomie et usait de tous les droits reconnus aux associations. « Sodales sunt, qui ejusdem
» collegii sunt, quam Græci ἑταιρίαν vocant. His autem po-
» testatem facit lex, pactionem, quam velint, sibi ferre :
» dum ne quid ex publica lege corrumpant » (*Dig.*,

XLVII, 22, 4). Et Gaïus (lib. 4 *ad legem XII Tabularum*) ajoute que cette loi paraît avoir été empruntée à la législation de Solon dont il cite littéralement la disposition : ce texte range parmi les associations qui se peuvent gouverner par leurs propres règlements la plèbe (δῆμος).

Voilà bien nettement déterminé le caractère des premiers *scita plebis* rendus par les *concilia plebis*.

D'où les conséquences suivantes, qui d'ailleurs sont confirmées par les auteurs anciens :

1° Le président du *concilium plebis* est l'un des deux fonctionnaires ayant charge plébéienne : tribun ou édile de la plèbe.

2° Les plébéiens prennent seuls part au vote.

3° La décision n'est point une *lex* obligatoire pour toute la cité mais un simple *scitum* que seuls les plébéiens sont tenus de respecter. C'est ainsi que la plèbe se soumet à une *quasi juridiction* criminelle à l'intérieur, non pas en tant que peuple *(populus)*, mais en vertu de son droit de légitime défense, en vertu du serment que tout plébéien a prêté, pour lui et pour tous ses descendants, de frapper l'ennemi qui fait courir des dangers à la corporation ou attente à ses chefs. Il y a là à vrai dire une sorte de *loi de Lynch* organisée (Mommsen, *Rœmische Forschungen*, t. 1).

4° Le *plebiscitum* n'a besoin pour obliger ceux qui le votent ni d'*auspices*, ni d'*auctoritas patrum*.

Ces notions ressortent clairement d'un grand nombre de passages d'écrivains latins, notamment de Festus *(scita plebei appellantur ea, quæ plebs suo suffragio, sine patribus, jussit, plebeio magistratu rogante)* et d'Aulu-Gelle (XV, 29 : *tribuni neque advocant patricios, neque ad eos ferre ulla de re possunt... Is qui non universum populum, sed partem aliquam adesse jubet, non comitia, sed concilium edicere debet... Quibus rogationibus antea patricii non tenebantur).*

C'est lors de la *secessio* sur le Mont-Sacré (494 av. J.-C.) que la plèbe s'organise pour la première fois en une assemblée distincte. Elle était alors en armes. Il est donc à peu près certain, comme le fait observer Mommsen, que ce premier *concilium plebis* fut tenu dans la forme des comices centuriates (*concilium plebis centuriatum*). En effet, les curies n'existaient plus en dehors du *pomœrium*, et les tribus n'entrèrent en scène que plus tard avec des attributions politiques déterminées.

Quant aux assemblées de la plèbe qui se tinrent depuis 494 jusqu'au plébiscite de Publilius Volero, Mommsen soutient que le peuple était « convoqué par curies à l'ex-» clusion des patriciens qu'elles renfermaient ». Nous ne savons pas (voir le chap. I) si les plébéiens étaient à cette époque admis dans les curies. Aucun texte ne peut élucider la question.

En 471, sur la motion du tribun Volero Publilius, la plèbe décida que ses votes se feraient à l'avenir par *tribus*. C'était un moyen efficace de combattre l'influence que les patriciens conservaient grâce à leur clientèle dans l'élection des tribuns. « Haud parva res, dit Tite-

Live (II, 56), sub titulo prima specie minime atroci
ferebatur, sed quæ patriciis omnem potestatem per clien-
tium suffragia creandi quos vellent tribunos auferret»(1).

La plèbe avait dès lors une organisation complète ;
elle possédait ses chefs, nommés par elle (le passage
de Tite-Live que nous venons de citer en est la preuve),
et ses assemblées où elle était souveraine maîtresse.

§ 2. — ORGANISATION DES COMICES TRIBUTES DEPUIS LE
PLÉBISCITE DE VOLERO PUBLILIUS JUSQU'A LA
LOI HORTENSIA (471-286 avant J.-C.).

Rien n'est plus obscur que l'histoire des *comices tributes* pendant cette période.

L'origine de ces assemblées est dans le plébiscite de
Volero Publilius. Mais comment ces simples *concilia*

(1) Un point demeure donc certain : les tribuns furent nommés dans
les assemblées tributes à partir de l'an 471 avant J.-C. Mais de 494, date
de la création du Tribunat, jusqu'en 471, comment s'était faite l'élection de
ces magistrats ? Voici ce que dit à ce sujet Cicéron dans un fragment du
Pro Cornelio (I frag. 23) : « Tanta igitur in illis (plebe) virtus fuit ut anno
XVI post reges exactos, propter nimiam dominationem potentium, sece-
derent, leges sacratas ipsi sibi restituerent, *duos tribunos crearent*, mon-
tem illum trans Anienem, qui hodie mons Sacer nominatur, in quo *armati*
consederant, æternæ memoriæ consecrarent. *Itaque auspicato, postero
anno, X tribuni plebis comitiis curiatis creati sunt* ». Les premiers tribuns,
au nombre de deux, furent donc créés révolutionnairement par la plèbe
seule, en armes, — donc très probablement assemblée *centuriatim*, selon
l'hypothèse de Mommsen. Mais l'année suivante l'élection de ces tribuns,
au nombre de dix, fut faite par les comices curiates. Les patriciens, tout
en acceptant la création de cette magistrature populaire, voulurent sans
doute la rendre inoffensive, en se réservant le choix des hommes qui en
seraient investis. Les assemblées curiates étaient encore à cette époque
formées des patriciens et de leurs *clients*. Ainsi s'explique le passage ci-
dessus rapporté de Tite-Live, et ainsi se comprend l'importance de la conquête faite par la plèbe en 471.

plebis dont les décisions ne liaient que les plébéiens devinrent-ils les *comices populaires* édictant des lois et des plébiscites obligatoires pour tous les citoyens romains ?

Trois lois paraissent avoir contribué à cette transformation. Mais nous en sommes réduit aux conjectures sur leurs dispositions précises.

1° En 449, *lex Valeria Horatia* : « Ut quod tributim plebs jussisset, populum teneret » (Tite-Live, III, 55).

2° En 339, *lex Publilia Philonis* : « Ut plebiscita omnes Quirites tenerent » (Tite-Live, VIII, 12).

3° En 286, *lex Hortensia* que Gaïus (1. 3) caractérise ainsi : « Lex Hortensia lata est, qua cautum est ut plebi » scita universum populum tenerent. Itaque eo modo » legibus exæquata sunt ». Pomponius (*Dig.*, 1, 2, 2, 8) exprime une idée analogue.

Sur le contenu de ces trois décisions législatives, les savants se sont livrés à de longues et subtiles discussions, où, — les textes faisant défaut —, chacun paraît n'avoir cherché qu'à mettre les dispositions présumées des trois lois d'accord avec son système général soit sur la *senatus auctoritas,* soit sur l'*auctoritas patrum.*

Mommsen pense que jusqu'à la loi *Hortensia* les plébiscites n'étaient obligatoires que sous la réserve de l'autorisation préalable du sénat ; il cite avant la loi *Hortensia* de nombreux plébiscites qui semblent avoir acquis force de loi générale : les plébiscites *Terentilien* (462),

Canuleien (445), *Licinien et Sextien* (367), *Ogulnien*
(300). Et le savant historien ajoute : « Avant la loi *Hor-*
» *tensia*, ce n'est point dans la formalité que résident
» les obstacles mis à profit par les adversaires de la
» plèbe, c'est le vote même qu'ils empêchent et cela
» pendant des années entières ; en sorte qu'il dépendait
» en réalité du sénat de faire que le plébiscite fut ou non
» obligatoire à l'égal de la loi. Quelquefois les patriciens,
» de guerre lasse, laissent les plébéiens voter la résolu-
» tion ; mais une telle concession n'implique ni l'aban-
» don, ni la concession d'un autre droit à la plèbe. »
Cet abandon définitif, c'est la loi *Hortensia* qui l'a sanctionné (Mommsen, *Hist. rom.*, trad. franç., II, 358).

Mais Mommsen se refuse à rien affirmer quant à la
date précise où les plébiscites approuvés au préalable
par le sénat devinrent obligatoires pour tout le peuple.
Entre la loi *Valeria Horatia* et la loi *Publilia*, il opine-
rait plutôt pour la loi *Publilia*. Mais, comme il le fait
observer, les annales sont muettes.

Pas plus que Mommsen, nous ne croyons possible de
fixer quel fut l'objet particulier des deux lois *Valeria
Horatia* et *Publilia*.

Mais il ne nous paraît point davantage possible d'affirmer que l'*auctoritas senatus* fut nécessaire à la validité
des plébiscites avant et inutile après la loi *Hortensia*.

La constitution romaine n'est qu'un ensemble d'*usages*. Les révolutions politiques modifiaient sans cesse ces
coutumes. Les conquêtes de la plèbe ne furent, comme

l'a observé Mommsen, qu'une suite de coups d'État. Les plébiscites, avant comme après la loi *Hortensia*, furent tantôt votés par le peuple seul, tantôt votés avec *l'aucto-ritas senatus*. Au fur et à mesure que grandissait dans la République la puissance de la plèbe, on se passait plus aisément de la sanction du sénat. Il n'y eut jamais de principe, ou plutôt il y en eut toujours deux : celui du droit populaire qu'invoquaient les tribuns de la plèbe et celui du droit historique qu'invoquait le sénat.

Relevons dans Tite-Live quelques passages qui démontrent qu'il n'y eut jamais en cette matière de règle incontestée.

Avant la loi Hortensia.

IV. 6. Victi tandem Patres, ut de connubio ferretur, consensere... Per hæc consilia eo deducta res est ut tribunos militum consulari potestate promiscue ex patribus ac plebe creari sinerent.

IV. 49. Tentatum ab L. Sextio, tribuno plebis, ut rogationem ferret qua... per intercessionem collegarum, qui nullum plebiscitum nisi auctoritate senatus, passuros se perferri ostenderunt, discussum est..

VII. 16. Haud æque læta Patribus insequenti anno... de unciario fenore a M. Duilio, L. Mœnio tribunis plebis rogatio est perlata...

VIII. 21. Itaque et in senatu causam obtinuere et ex auctoritate Patrum latum ad populum est, ut Privernatibus civitas daretur.

IX. 30. Il s'agit dans ce texte de deux plébiscites, l'un ordonnant que seize des *tribuni militum* seraient nommés par le peuple, l'autre établissant le même mode d'élection pour les *duumviri navales.* Tite-Live ne dit pas que le sénat ait sanctionné ces deux plébiscites, directement proposés au peuple par ses tribuns.

X. 6-9. Les tribuns du peuple Q. et Cn. Ogulnius avaient présenté une loi créant quatre pontifes et cinq augures nouveaux qui devaient être pris parmi les plébéiens. Les patriciens ne donnent ni ne refusent l'*auctoritas : Simulabant, ad deos id magis, quam ad se pertinere : ipsos visuros, ne sacra sua polluantur. Id se optare tantum, ne qua in rempublicam clades veniat. Minus autem tetendere, assueti jam tali genere certaminum vinci..... vocare tribus extemplo populus jubebat, apparebatque accipi legem : ille tamen dies est intercessione sublatus. Postero die, deterritis tribunis, ingenti consensus accepta est.*

X. 21. Le sénat veut créer une nouvelle colonie. *Tribunis plebis negotium datum est ut plebiscito juberetur.*

Après la loi Hortensia.

XXXV, 7. M. Sempronius tribunus plebis ex auctoritate Patrum plebem rogavit...

XXVIII. 36. Huic rogationi quatuor tribuni plebis, quia non ex auctoritate senatus ferretur, quum intercederent, edocti populi esse, non senatus jus, suffragium, quibus velit, impartiri, destituerunt incepto.

*XLII. 21. Ex auctoritate deinde senatus eam rogatio-
nem (tribuni) promulgarunt.*

Il nous paraît bien difficile en présence de ces divers
textes (et on eût pu en grouper un plus grand nombre)
d'admettre que la loi Hortensia ait introduit dans la Constitution romaine une modification aussi radicale qu'on le
prétend. Cette loi eût formellement supprimé pour les plébiscites l'*auctoritas senatus*, et l'on verrait encore (comme
nous le montre le dernier texte) des tribuns du peuple
hésitant sur l'étendue de leur droit de *rogatio !* La vérité
paraît être, encore une fois, que les patriciens cherchèrent toujours à faire prévaloir l'*auctoritas senatus* et que
toujours les plébéiens cherchèrent à s'en passer. Il n'y
a jamais eu sur ce sujet de loi constitutionnelle.

Quelle fut avant la loi Hortensia la composition des
assemblées tributes ? Les patriciens y furent-ils admis ?

Il y a à ce sujet un texte fort clair de Lœlius Felix,
rapporté par Aulu-Gelle (XV, 27), et dont nous avons
déjà cité plus haut un passage : « Tribuni autem neque
» advocant patricios, neque ad eos referre ulla de re
» possunt : ita ne leges quidem proprie, sed plebiscita
» appellantur, quæ tribunis plebis ferentibus accepta
» sunt : quibus rogationibus ante patricii non teneban-
» tur, donec Quintus Hortensius dictator eam legem
» tulit, ut eo jure, quod plebs statuisset, omnes Quiri-
» tes tenerentur ».

Les patriciens ne pouvaient donc en principe figurer

dans aucune assemblée tenue par un magistrat plébéien.

Mais on a ici proposé une distinction. Toutes les assemblées tributes n'étaient pas, a t-on dit, des *comitia tributa ;* à côté d'eux il y avait les *concilia plebis ;* de ces dernières réunions, seules, étaient exclus les patriciens. En effet, les *concilia plebis* sont présidés par les tribuns tandis que les *comitia tributa* sont convoqués et présidés par un magistrat supérieur, investi du *jus auspiciorum.* Les *concilia plebis* sont indépendants de la religion jusqu'au plébiscite OElien Fufien (154), qui les soumet à l'*obnuntiatio.* Les attributions de ces deux assemblées diverses se distinguaient aussi en matière législative : le peuple, réuni par tribus, rend une *lex tributa ;* la plèbe ne peut rendre qu'un *plebiscitum.* Certains auteurs, qui ne croient pas que l'*auctoritas senatus* ait jamais été nécessaire pour la validité des plébiscites à l'égard des patriciens, pensent qu'elle était au contraire exigée pour la validité des lois tributes (Mommsen, *Rœm. Forsch.,* I, p. 151-217. — Mispoulet, *op. cit.,* I, p. 209).

Cette distinction entre les *comitia tributa* et les *concilia plebis* ne repose sur aucun texte précis. Mais on peut la déduire de la terminologie généralement adoptée par les auteurs anciens. Lorsque les assemblées tributes eurent été ouvertes *en fait* à tout le peuple romain, elles furent présidées tantôt par un magistrat patricien, tantôt par un magistrat plébéien : dans le premier cas on les appelait *comitia tributa* et dans le second *concilia plebis ;* dans le premier on prenait les auspices, dans le second on ne les prenait pas.

Mais on a été selon nous trop loin quand on a soutenu que les plébéiens figuraient seuls dans les *concilia plebis* et que les patriciens avaient seulement accès aux *comitia tributa.*

Ici encore ce sont de simples questions de fait, des problèmes d'histoire, pour ainsi dire, et non de droit constitutionnel.

Avant la loi Hortensia.

Tite-Live, II, 56. *Occupant tribuni templum postero die ; consules nobilitasque ad impediendam legem in concione consistunt. Summoveri Lætorius (tribunus) jubet, præterquam qui suffragium ineant...*

Tite-Live, III, 11. *Quemadmodum se tribuni gessissent in prohibendo delectu, sic Patres in lege, quæ per omnes comitiales dies ferebatur, impedienda gerebant. Initium erat rixæ, quum discedere populum jussissent tribuni, quod Patres se summoveri haud sinebant...*

Nous voyons donc que les tribuns (II, 56) considéraient que les nobles n'avaient pas le droit de suffrage « *præterquam qui suffragium ineant* », et que d'autre part c'était pour les patriciens un moyen d'obstruction que d'empêcher le peuple de se rendre au lieu du vote (III, 11). Ce dernier texte nous fournit aussi une excellente preuve qu'il ne faut point attacher une trop grande importance aux mots dont se servent les annalistes pour qualifier les institutions romaines : en 459 avant J.-C les tribuns n'avaient assurément de droit que sur la plèbe, et Tite-Live dit : quum discedere *populum* jussissent tribuni ; en outre, il s'agit ici d'une assemblée présidée par un tribun et il est question de *dies comitiales*.

D'autre part, toujours avant la loi Hortensia, d'autres textes nous montrent les patriciens prenant part aux délibérations des assemblées tributes :

Tite-Live, III, 63. *Ut quum ingenti consensu Patrum negaretur triumphus, L. Icilius, tribunus plebis, tulit ad populum de triumpho consulum, multis dissuasum prodeuntibus, maxime C. Claudio vociferante :...* Claudius était un patricien. (Remarquons chemin faisant que c'est là encore un nouvel exemple de plébiscite *sine auctoritate senatus.*)

Après la loi Hortensia.

Cette loi donnant force de loi à tous les plébiscites, la présence des patriciens dans les assemblées tributes devait devenir habituelle. On les voit en effet intervenir dans les discussions des assemblées populaires :

Nous n'en citerons qu'un exemple.

Tite-Live, XXVII, 21. *Actum de imperio Marcelli in circo Flaminio est, ingenti concursu plebisque et omnium ordinum. Accusavit que tribunus plebis, non Marcellum modo, sed omnem nobilitatem..... Hunc tribuni orationem ita obruit Marcellus commemoratione rerum suarum, ut non rogatio solum de imperio ejus abrogando antiqua-*

retur, sed postero die consulem cum ingenti consensu cen-
turiæ omnes crearent.

L'assemblée du cirque Flaminius est bien une assemblée tribute et on y voit figurer *omnes ordines.*

§ 3. — ORGANISATION ET MODE DE DÉLIBÉRATION DES
COMICES TRIBUTES APRÈS LA LOI HORTENSIA.

Les tribus, telles qu'elles furent établies par la constitution Servienne, ne sont pas fondées sur l'idée de race ; elles n'ont aucun caractère religieux ou politique. Ce sont de simples circonscriptions administratives.

La tribu comprend tous les citoyens romains sans distinction : plébéiens, patriciens, affranchis et clients. Nous laissons de côté la question de savoir si la tribu fut à l'origine *réelle* ou *personnelle*, si le citoyen était rangé dans une tribu selon le lieu de son domicile ou selon le lieu où étaient situés ses immeubles. La solution de ce problème historique est sans intérêt dans un exposé de l'organisation des comices tributes.

Le nombre primitif des tribus était de 21 ; il s'éleva plus tard jusqu'à 35.

Nous avons déjà dit quelle avait été leur composition. Jusqu'à la loi Hortensia la présence des patriciens à ces assemblées nous paraît difficilement niable en présence du texte que nous avons rapporté (Tite-Live, III, 63). *En fait* cette présence était rare, et la plèbe paraît avoir usé souvent de son droit de se passer des patriciens. Le caractère en quelque sorte *corporatif* des premiers *con-cilia plebis* justifiait cette exclusion des nobles romains.

Après la loi Hortensia nous trouvons les patriciens prenant une part effective aux réunions tributes, et aucun texte ne nous montre les tribuns se croyant autorisés à les chasser du forum, les jours de comices. C'est qu'*en fait*, toujours *en fait*, la force nouvelle donnée par la loi Hortensia aux plébiscites a modifié la situation. On ne peut exclure les patriciens du vote d'une loi à laquelle ils seront tenus d'obéir. Le *jus agendi cum plebe* des tribuns s'est transformé en *jus agendi cum populo*. Chaque tribu vote au complet.

L'organisation tribute est sans doute beaucoup plus favorable à la plèbe que l'organisation centuriate. Cependant les *comitia tributa* n'ont jamais été des assemblées purement démocratiques. Tout suffrage n'y a point une valeur égale, puisque chaque tribu ne comprend pas le même nombre de votants. Les tribus urbaines sont beaucoup plus peuplées que les tribus rustiques, et c'est par ces dernières que s'exerce l'influence de l'aristocratie (voir plus haut, p. 26)

Les tribus tendirent toujours à se rapprocher des centuries. Nous avons montré comment les deux organisations de la cité romaine se confondirent au VIe siècle de Rome. Mais cette fusion laissa subsister la différence originelle des comices centuriates et des comices tributes. Les mêmes citoyens votaient dans les unes et les autres de ces assemblées. Mais l'ordre et le groupement des votes n'étaient point les mêmes. Les comices centuriates restèrent les comices des riches et des nobles, malgré les réformes démocratiques qu'on introduisit dans leur tenue. Les comices tributes restèrent les comices du peuple, quelque effort qu'ait fait l'aristocratie pour y grandir sa part d'influence.

Il n'y avait point de lieu consacré pour les réunions de ces comices. Ils se tenaient, en général, près du *forum* au *comitium*. Mais les tribuns les convoquèrent souvent devant le temple du Capitole ou au Champ de Mars. Quand ils étaient présidés par un magistrat patricien, l'assemblée avait lieu dans le *templum*, à cause des auspices. Plus tard, si l'on admet que les tribuns aient jamais acquis un *jus auspiciorum minorum* (loi *Publilia Philonis*, 339, ou bien loi *Valeria Horatia*, 449?), cette règle dut devenir générale (1).

Les comices tributes pouvaient être interrompus par l'*obnuntiatio* d'un magistrat, un éclair, ou bien si l'un

(1) Zonaras (VII, 19), attribue d'après Dion Cassius ce droit de prendre les auspices aux tribuns de la plèbe. Mais un grand nombre d'auteurs modernes ont refusé d'accepter cette opinion (Cf. notamment Willems, p. 166). Denys (IX, 49) dit formellement que les magistrats de la plèbe étaient élus δίχα οἰωνῶν τὲ καὶ ἄλλος ὀττείας. Et Tite-Live (VI, 41) : *plebeius quidem magistratus nullus auspicato creatur.* — Enfin Aulu-Gelle (XIII, 15), distingue les auspices en *maxima* et *minora*. Les premiers selon lui appartiennent aux consuls, aux préteurs, aux censeurs ; les seconds aux magistrats *minores*. Mais on ne peut ranger les tribuns de la plèbe dans cette dernière classe, car Aulu-Gelle s'exprime ainsi : « PATRICIORUM *auspicia in duas sunt potestates divisa...* » et plus loin : « *Minoribus creatis magistratibus tributis comitiis magistratus*, SED JUSTIUS CURIATA DATUR LEGE ». Par conséquent il ne peut être question des tribuns de la plèbe. Ce passage d'Aulu-Gelle a une grande importance, car il est la copie d'un fragment du traité de Messala sur les auspices et les augures.

des assistants était pris d'attaque d'épilepsie (*morbus comitialis*).

L'assemblée était convoquée par un *præco*. Le président, d'ordinaire un tribun, priait d'abord les dieux, faisait un discours (*concio*) et proposait la *rogatio*. Puis il donnait la parole aux citoyens et aux magistrats. Il fermait la discussion et appelait les tribus aux votes. Sur le vote lui-même nous renvoyons aux détails que nous avons donnés au sujet des comices centuriates. Les formes sont ici les mêmes.

Le droit de convoquer les tribus appartenait aux tribuns de la plèbe. Le *jus agendi cum plebe*, qui leur appartenait depuis la première retraite du peuple, se transforme en *jus agendi cum populo*. L'opposition d'un seul des tribuns pouvait empêcher la réunion ou le vote de la *rogatio (intercessio)*.

D'autres magistrats purent aussi convoquer les comices tributes : les consuls, le préteur, les tribuns consulaires, lorsqu'il s'agissait d'élections, peut-être même de propositions de lois (1), — les édiles plébéiens et les

______

(1) C'est ainsi que Tite-Live décrit (III, 71, 72) une assemblée du peuple *concilium plebis*, convoquée *a magistratibus*. Quels sont ces *magistratus*? Il semble que ce soient les consuls. En effet, dans cette assemblée, un plébéien prend la parole : *Quum, ut vanum, cum negarent consules audiendum est vociferantemque « prodi publicam rem », summoveri jussissent, tribunos appellat*... Cependant il n'est pas absolument certain qu'en cette occasion, les consuls aient fait acte de président. D'abord il est question *des consuls*. Or les comices étaient présidés par un seul magistrat, l'auteur de la convocation. Puis l'ordre donné de *summovere* le plébéien peut s'expliquer sans que l'assemblée soit présidée par les consuls. Car ceux-ci marchent toujours accompagnés de licteurs.

édiles, en matière de juridiction répressive (*jus mulctæ dictionis*). Dans le cas où plusieurs magistrats avaient convoqué le peuple le même jour, le consul était préféré au préteur et le préteur aux édiles. (Aulu-Gelle, XIII, 15.)

Il semble d'ailleurs qu'à tous ces magistrats, il fallut toujours le consentement des tribuns. Ceux-ci conservaient aussi leur droit d'*intercessio*.

Il n'y eut jamais pour les comices tributes de jours fastes ou néfastes. La convocation se faisait pour le troisième marché (*trinundinum*).

Toutes les tribus votaient en même temps. Un tirage au sort décidait dans quel ordre les votes devaient être proclamés.

§ 4. — ATTRIBUTIONS DES COMICES TRIBUTES APRÈS LA LOI
HORTENSIA.

Nous adopterons ici la même subdivision que pour les comices centuriates.

A. Attributions législatives.

A partir de la loi Hortensia, il est impossible de distinguer la *lex tributa* du *plebiscitum*. Ces deux mots sont devenus synonymes.

En matière législative, il semble que, depuis la loi Hortensia, la souveraineté des comices tributes ait été absolue ou peu s'en faut. L'*auctoritas patrum*, la sanction des comices curiates, ne paraît jamais avoir été requise pour les décisions des tribus. Quant à l'*auctoritas sena-tus*, nous avons déjà indiqué à quelles controverses cette question avait donné lieu.

En fait, les tribuns consultèrent souvent le sénat avant de proposer une loi au peuple. Mais c'était sans doute, de leur part, simple prudence, pour se prémunir contre l'*obnuntiatio* de quelque magistrat venant inopinément interrompre les comices.

La loi Apuleia de Saturninus (100 av. J.-C.) consacra la souveraineté des comices tributes, en introduisant l'usage de contraindre, sous peine d'exclusion du sénat et de toute magistrature, les sénateurs et les magistrats à jurer dans les cinq jours l'observation d'un plébiscite.

Sylla retira tout pouvoir législatif ou judiciaire aux comices tributes (loi *Cornelia de tribunicia potestate*, 70 av. J.-C.). Mais, après cette courte réaction aristocratique, Pompée leur rendit tous leurs droits.

Il n'est guère possible de délimiter la compétence des comices tributes et de la distinguer de la compétence des comices centuriates. En réalité, depuis la loi *Hortensia*, sauf la déclaration de guerre et la *lex de censoria potestate* qui ont toujours été réservées aux centuries, les tribus légiféraient sur tout. Par plébiscite le peuple accorde un triomphe, statue sur un traité de paix, dispense certains citoyens de certaines lois (*privilegia*), règle des questions de droit privé (lois Furia Testamentaria, Voconia, Cincia, etc...) ou d'économie publique (*leges agrariæ frumentariæ*).

A la fin de la République, les comices tributes sont maîtres de la cité, et c'est en eux que réside toute la vie politique de Rome. Les comices centuriates, qui n'ont rien perdu de leurs droits antiques, sont rarement convoqués. En même temps le pouvoir administratif du sénat s'est affaibli et beaucoup de ses prérogatives ont passé à l'assemblée du peuple (triomphe, concession du droit de cité, traités de paix, etc...).

B. Attributions électorales.

Il importe de distinguer ici trois sortes de comices *tributes :*

1° *Les comices présidés par un tribun* nomment les *tribuns* et les *édiles de la plèbe ;*

2° *Les comices présidés par un consul ou par un préteur* nomment :

a) Les *questeurs* (447 av. J.-C.) — Tac. *Annales*, XI, 22) ;

b) Les *édiles curules* depuis leur institution (367) ;

c) Les *magistratus minores* (Aulu-Gelle, XIII, 15) ;

d) Les *tribuns militaires* des quatre premières légions (Tite-Live, VII, 5);

3° Les *comitia tributa sacerdotum,* — assemblée spéciale composée seulement de 17 tribus qu'on tirait au sort sur les 35, et présidée par un *pontifex* et plus tard par les consuls, — nomment :

a) Le *pontifex maximus* (212 av. J.-C.) ;

b) Le *curio maximus* ;

c) Les membres des collèges des pontifes, des augures, des sacrificateurs, des *épulones*.

Ces attributions électorales si importantes ont été conquises par les comices tributes, aux dépens des magistrats supérieurs, dont on démembrait l'*imperium* pour remettre au peuple le choix des magistrats inférieurs (Mispoulet, *op. cit.*, I, p. 219).

C. Attributions judiciaires.

Nous avons vu que parmi les attributions des *concilia plebis* figurait une sorte de juridiction criminelle qui ne devait s'exercer qu'à l'intérieur de la *corporation* plébéienne. Il est arrivé que la plèbe a porté sentence contre un non-plébéien. Mais c'était là une usurpation manifeste, que la plèbe dut faire accepter des patriciens par un véritable coup d'État (le procès contre Coriolan).

A côté de cette juridiction directe que la plèbe exerçait sur les plébéiens, elle avait aussi à juger la *provocatio* dirigée contre la sentence d'un tribun, puisque celui ci, n'ayant pas le *jus agendi cum populo*, ne pouvait convoquer les centuries.

La loi des XII Tables enlève aux comices tributes le droit de prononcer une sentence capitale, le *maximus comitiatus* pouvant seul décider de la tête d'un citoyen romain. Mais, pour le reste, la plèbe conserve sa juridiction, et c'est en réalité la peine et non le délit qui différencie les compétences.

C'étaient surtout les magistrats civils ou militaires que les tribuns et les édiles poursuivaient devant les comices tributes. Car, depuis la loi Hortensia, la compétence de ces assemblées s'étend à tous les citoyens romains.

L'institution des *quæstiones perpetuæ* diminua beaucoup l'importance de la juridiction des comices. Cependant il y eut encore des *judicia publica* dans les comices tributes au temps de Cicéron.

La procédure était la même devant les tribus que devant les centuries.

§ 5. — DES COMICES TRIBUTES SOUS L'EMPIRE.

Les formes extérieures des assemblées ne sont pas modifiées. Mais les empereurs ont pris, soit pour eux-mêmes soit pour le sénat, les attributions des comices tributes.

Les accusations contre les magistrats sont portées devant le sénat. Les accusations contre les particuliers ont été enlevées aux comices et sont jugées par les *quæstiones perpetuæ* depuis les lois *Juliæ*.

Auguste en vertu de son titre d'*imperator* s'attribue tout droit de paix et de guerre.

Quant aux élections des magistrats, elles continuèrent d'être une attribution des comices tributes comme sous la République, du moins jusqu'à Tibère, qui fit du sénat un véritable corps électoral pour toutes les magistratures, ne laissant au peuple qu'une vaine apparence de ratification (Cf. ce qui a été dit au sujet des comices centuriates).

César avait déjà nommé le *pontifex maximus*. Auguste prit ce titre pour lui-même et aussi le droit de désigner les prêtres.

Les comices tributes avaient déjà beaucoup diminué d'importance, au point de vue législatif, durant le dernier siècle de la République. A côté des *leges rogatæ*, œuvre des comices, apparaissaient les *leges datæ* que certains chefs investis d'un pouvoir exceptionnel rendaient de leur autorité propre (loi *Appuleia* par Marius ; loi *Cornelia Gellia* par Cn. Pompée ; loi *Julia de coloniis deducendis* par J. César). Cette prérogative passa entre les mains d'Auguste, sans doute quand l'*imperium consulare* lui fut attribué (73 av. J.-C.)

En outre, Auguste fut revêtu de la *potestas tribunitia*. (23 av. J.-C.), ce qui lui donnait le droit d'empêcher par son *intercessio* toute *rogatio* qui lui aurait déplu dans les comices tributes.

En réalité, Auguste détenait seul la puissance législative. Néanmoins il soumit aux comices un très grand nombre de lois. Les *leges Juliæ* sont des plébiscites. En d'autres occasions, il faisait présenter des *rogationes* aux comices par d'autres magistrats.

Sous Tibère, on ne cite qu'une loi présentée aux co-

---

(1) V. Tacite, *Annales*, IV, 16.

mices par l'empereur lui-même : la loi *Claudia de flami-nica diali* (1) (23 de J.-C.); mais des consuls proposèrent et firent voter plusieurs lois (par exemple la loi *Visellia*).

Sous le règne de Claude, on cite de nombreux plébiscites. Mais après son règne on ne rencontre plus que rarement des lois votées, c'est-à-dire simplement confirmées par le peuple. Le *Digeste* (XLVII, 21, 3, 1) présente une *lex agraria* comme ayant été votée par le peuple, sous Nerva. C'est la dernière dont les textes fassent mention. D'ailleurs il faut observer que le mot *lex* désigne souvent sous l'empire un acte direct de l'empereur, que le peuple n'a jamais été appelé à ratifier même pour la forme.

TABLE DES MATIÈRES

DROIT FRANÇAIS

LE SECRET PROFESSIONNEL

Commissa tacere
Qui nequit, hic niger est, hunc, tu, Romane, caveto.
(HORACE, L. I, Sat. 4).

INTRODUCTION

Quiconque reçoit une confidence sous le sceau du secret commet, s'il trahit la confiance qu'on lui témoigne,
un acte que toutes les morales religieuses ou philoso-
phiques ont toujours réprouvé. Mais aucune loi n'a
jamais puni cette faute contre l'*honneur*. Les législateurs
ont jugé que ces questions de casuistique morale échappent à l'appréciation du magistrat.

D'ailleurs l'intérêt public n'est pas ici en jeu. La personne, qui se croit lésée par une indiscrétion, a toujours
à son service l'action de l'article 1382. On peut induire

d'une loi du *Digeste* (IX, 2, 41) (1) qu'à Rome, une action *in actum* était accordée à celui dont on avait trahi les secrets : le texte, il est vrai, ne vise que la divulgation d'un testament, faite à plusieurs personnes. Hormis cette action en dommages-intérêts, jamais, ni à Rome ni dans le Droit moderne, on a admis que la révélation par un particulier du secret d'un particulier pût tomber sous le coup de la loi. Cela n'intéresse pas l'ordre public.

On n'a point davantage admis que le dépositaire du secret pût se retrancher derrière la confidence qui lui a été faite pour refuser à la justice le concours que celle-ci a le droit d'exiger de tous les citoyens. Qui promet un silence éternel doit avoir mesuré l'étendue de son engagement et prévu qu'un jour un magistrat pourra l'interroger sur les faits qui lui ont été confiés ; il doit savoir qu'alors il ne saurait se taire qu'à condition de violer la loi pénale. Ces nécessités, parfois cruelles, il les a acceptées en recevant la confidence ; il serait malvenu à se plaindre des rigueurs de la loi. Telle est d'ailleurs la jurisprudence constante de la Cour de cassation. En 1820 (2), M. Madier de Monjau, conseiller à la Cour de Nîmes, ayant dénoncé l'existence d'un complot contre la sûreté de l'État, refusa de s'expliquer sur les auteurs de la conspiration ; il avait, disait-il, prêté serment de ne point révéler leurs noms. La

_____

(1) « Sed et si quis tabulas testamenti apud se depositas deleverit, vel pluribus præsentibus legerit, utilius est, in factum et injuriarum agi, si, injuriæ faciendæ causa, secreta judiciorum publicavit. »

(2) D. R. vᵒ *Discipline judiciaire,* nᵒ 146.

Cour de cassation le censura avec réprimande, « considérant qu'un serment prêté volontairement, hors la nécessité de fonctions civiles ou religieuses, ne peut être un motif légitime de refuser à la justice les révélations qu'elle requiert dans l'intérêt de la société ; que son refus a donc été une infraction à la loi, une désobéissance à la justice ». Même décision dans une affaire d'Auterive : le témoin déclarait « que les parties lui avaient fait quelques confidences sous le sceau du secret, et qu'en homme d'honneur, il ne pouvait pas manquer à la parole qu'il avait donnée ». Cette prétention admise par le tribunal correctionnel d'Espalion fut déclarée abusive par la Cour de cassation (8 mai 1828) (1). Le dépositaire d'un secret, interrogé par la justice, est donc mis dans cette alternative de manquer à sa parole ou de subir la peine édictée par l'article 80 du Code d'instruction criminelle.

Mais à ces principes généraux la loi a posé une exception, dans l'article 378 du Code pénal :

« Les médecins, chirurgiens et autres officiers de santé, ainsi que les pharmaciens, les sages-femmes et toutes autres personnes, dépositaires par état ou profession des secrets qu'on leur confie, qui, hors le cas où la loi les oblige à se porter dénonciateurs, auront révélé ces secrets, seront punis d'un emprisonnement d'un mois à six mois et d'une amende de 100 francs à 500 francs. »

(1) Muteau, *Du secret professionnel*, p. XI.

Cette disposition du Code pénal était nouvelle dans
la loi française. L'ancienne jurisprudence et les anciens
jurisconsultes n'hésitaient point, pour certaines professions, à faire du secret une obligation légale. Les médecins, les apothicaires, les avocats, les procureurs, les
confesseurs, etc... devaient garder le silence sur tout ce
qu'ils pouvaient apprendre dans l'exercice de leurs fonctions. Mais aucun texte ne consacrait expressément le
secret professionnel.

Les motifs qui déterminèrent les rédacteurs du Code
pénal, quand ils créèrent ce délit nouveau, ont été présentés par MM. le chevalier Faure, les comtes Réal et
Giunti, conseillers d'État, dans la séance du Corps législatif du 7 février 1810 (1) :

« Ne doit-on pas, en effet, considérer comme un délit
grave des révélations qui souvent ne tendent à rien
moins qu'à compromettre la réputation de la personne
dont le secret est trahi, à détruire en elle une confiance
devenue plus nuisible qu'utile, à déterminer ceux qui se
trouvent dans la même situation à aimer mieux être
victimes de leur silence que de l'indiscrétion d'autrui,
enfin à ne montrer que des traîtres dans ceux dont l'état
ne semble devoir offrir que des êtres bienfaisants et de
vrais consolateurs ? »

L'orateur du Tribunat, Monseignat, dans la séance du
17 février 1810, disait :

« Cette disposition (art. 378) est nouvelle dans nos

____

(1) Locré, *Législation civile et criminelle de la France*, t. XXX, p. 494.

lois. Sans doute il serait à désirer que la délicatesse la
rendît inutile. Mais combien ne voit-on pas de personnes, dépositaires des secrets dus à leur état, sacrifier
leur devoir à la causticité, se jouer des sujets les plus
graves, alimenter la malignité par des révélations indécentes, des anecdotes scandaleuses et déverser ainsi la
honte sur les individus, en portant la désolation dans les
familles ! »

C'est donc dans un intérêt d'ordre public qu'est punie
l'indiscrétion de certaines personnes dont le ministère
est indispensable à tous. C'est pour elles un devoir professionnel, il est vrai, de ne point trahir la confiance
qu'on leur accorde. Mais à cette obligation morale le
législateur a donné une sanction pénale. Lorsqu'un particulier livre le secret qui lui a été confié, la victime de
l'indiscrétion est seule atteinte ; il n'y a qu'un intérêt
privé qui soit alors lésé. Mais quand un médecin trahit
son client, c'est le public tout entier qui souffre de ce
manque de foi. Car, pris de défiance, chacun, dans la
crainte d'une pareille aventure, pourra hésiter à recourir aux médecins, et la santé publique en sera compro-
mise. Ainsi des autres professions. L'article 378 du
Code pénal est donc destiné à sauvegarder des intérêts
généraux. Le goût du scandale et la manie de l'indiscrétion le rendaient déjà indispensable en 1810. Il ne semble
pas qu'il soit aujourd'hui devenu inutile.

On pourrait croire au premier abord que cet article
pût se passer de longs commentaires. Une fois l'étendue

du secret légal bien déterminée, on n'aperçoit plus guère où peuvent être les éléments d'une controverse juridique. Cependant la jurisprudence nous présente un chaos de décisions contradictoires, au milieu desquelles il est malaisé de découvrir des principes et d'établir un classement. D'autre part, il y a désaccord entre les criminalistes sur toutes les difficultés que les tribunaux résolvent souvent par des compromis, en dehors de la loi. On ne veut pas appliquer les mêmes règles à toutes les professions visées par l'article 378. On invente des restrictions, des réserves, des distinctions dont on ne trouve pas trace dans le texte du Code. On fait fléchir une disposition précise et formelle devant des raisons de sentiment. La cause de cette singulière confusion est peut-être dans la jurisprudence antérieure au Code pénal. Dans l'ancien Droit, comme nous l'avons dit, on reconnaissait pour certaines professions l'obligation légale du secret : mais que de divergences et que de contradictions ! on en trouvera plus loin de nombreux exemples. Le Code pénal a eu beau substituer à toutes ces solutions variées la règle unique de l'article 378 ; l'arbitraire n'en a pas moins souvent continué de régler ces questions, et la jurisprudence a maintes fois cherché à fonder la théorie du secret professionnel sur des bases extra-légales.

L'article 378 est pourtant la seule disposition de la loi sur laquelle puisse s'appuyer une doctrine générale, le seul texte qui soit juridiquement applicable. On n'a pas plus le droit de morceler cet article que d'en atténuer la force pour des raisons de convenances. On ne saurait, comme l'ont voulu tant d'auteurs, isoler la prohibition des sanctions pénales qui la suivent et simplement dispenser de parler ceux à qui le Code impose de se taire.

Telles sont les idées générales que l'on trouvera énoncées et développées dans les pages qui suivent.

Nous adopterons dans cette étude l'ordre de discussion, qui est suivi dans presque tous les traités de Droit pénal :

Chapitre I. Du secret.

Chapitre II. De la révélation.

Chapitre III. Des diverses professions auxquelles s'applique l'article 378.

CHAPITRE PREMIER.

DU SECRET.

Quels sont les secrets dont l'article 378 du Code pénal interdit la divulgation ?

Dalloz exige, pour qu'il y ait lieu d'appliquer l'article 378, que les faits révélés soient de nature à nuire à la réputation d'autrui. Il n'en donne qu'une raison : « C'est sous la rubrique : *calomnies, injures, révélations de secrets* que se trouve cette disposition. La révélation est donc ici en quelque sorte sœur de la calomnie et de l'injure. » Voilà une parenté bien vite établie. Si la rubrique désigne trois délits différents, est-ce donc pour que nous les confondions ? Quelle distinction subsistera entre la révélation des secrets et l'injure, si le fait est vrai ; ou la calomnie, si le fait est faux, du moment que pour les trois délits on exige la même circonstance : l'outrage ? Une légère différence entre les pénalités et la nuance qui sépare la révélation de la publicité, voilà donc tout ce qui caractériserait le délit de l'article 378.

Dalloz (1) partage l'avis du juge d'instruction de la Pointe-à-Pitre qui condamna en 1844 le docteur Saint-Pair pour refus de déposer, et motiva ainsi son

(1) Dalloz, *Rép.* V° *Révélation de secrets,* 16.

ordonnance : « Attendu que l'expression : *révéler des secrets* dénote assez la pensée du législateur et fait voir qu'il s'agit de maladies honteuses et secrètes, mais non d'une blessure résultant d'un crime ou d'un délit, commis sur la personne de celui auquel le médecin donne des soins ».

C'est une théorie bien dangereuse. Quelles maladies sont honteuses ? Lesquelles ne le sont pas ? Doit-on s'en tenir aux maladies vénériennes ? Dalloz hésite à ranger l'aliénation mentale parmi les maladies que l'homme de l'art doit garder secrètes ; mais il s'y décide enfin « parce que ces maladies ne sont pas purement individuelles ; elles sont souvent la manifestation d'un grave défaut d'organisation de toute une famille ». On en peut dire autant de bien d'autres affections. Un médecin qui va par le monde contant qu'une jeune fille à marier est phthisique, ne dit rien qui puisse passer pour injurieux. Mais son indiscrétion ébranle singulièrement la confiance que le public doit avoir dans les médecins, et dès lors son manquement professionnel tombe sous le coup de l'article 378.

Mais c'est là une discussion aujourd'hui assez vaine, car on est à peu près d'accord pour admettre comme secrets, dans le sens de la loi, des faits qui n'ont par eux-mêmes aucun caractère injurieux. En revanche, il y a incertitude sur le point de savoir, comment le dépositaire d'un secret a dû être mis en sa possession pour qu'il y ait secret légal. Est-il nécessaire que le secret lui ait été expressément confié? Faut-il étendre la discrétion, imposée par le Code pénal, à tout ce que le médecin, l'avocat, le notaire etc… ont pu apprendre *dans l'exercice* de leur ministère ou même *à raison* de leur ministère? Relatons d'abord les principales décisions de la jurisprudence à ce sujet :

1º L'avocat peut refuser de déposer sur des faits qu'il a appris non seulement comme conseil, mais simplement *en sa qualité d'avocat*. — Cour d'assises de Rouen, 9 juin 1825. — Mᵉ Bertran, avocat, avait refusé de déposer au sujet d'une affaire qui avait été traitée dans son cabinet entre deux personnes, l'une qui était son client, l'autre avec qui il n'avait aucune relation ; comme la Cour lui faisait observer qu'il était délié de toute discrétion à l'égard de ce dernier, Mᵉ Bertran répondit que l'explication n'avait eu lieu devant lui qu' « à cause de sa qualité d'avocat ». La Cour admit le refus de l'avocat (1).

2º Le notaire peut refuser de déposer sur les pourparlers qui président la confection d'un acte, aussi bien que sur l'acte même qui a été passé pardevant lui. — Cela résulte d'un arrêt de la Cour de cassation (Ch. cr., 23 juillet 1830). — Mais le même arrêt refuse d'assimiler les notaires aux avoués et avocats. « Attendu que dans l'espèce particulière le refus de M. Cressent, notaire, de déposer, lorsqu'il en était légitimement requis par le juge d'instruction, était d'autant plus destitué du fondement qu'il résulte de ses dires, de l'ordonnance attaquée

(1) Dall. *Rép.* Vᵒ *Avocat*, 303.

et des réquisitions du ministère public qui la précèdent, qu'il n'était pas sommé de déposer sur des pourparlers, sur des confidences qui lui auraient été faites comme notaire, mais sur des faits matériels, sur l'apport d'une certaine somme d'argent qui aurait été apportée dans son étude par un individu, objet d'une prévention qui nécessitait les poursuites du ministère public..... » (1).

3° Le médecin peut refuser de déposer, si les faits, sur lesquels il est interrogé, lui ont été confiés *sous le sceau du secret.* — Cass., 26 juillet 1845, aff. Saint-Pair (2). — Cette affaire a une grande importance dans une étude juridique du secret professionnel, et nous reviendrons souvent sur l'arrêt qui l'a terminée. La Cour de cassation avait avant de se prononcer entendu un très remarquable réquisitoire de l'avocat général Quenault ; elle ne crut point cependant devoir adopter toutes ses conclusions. — Sur le point particulier qui nous occupe en ce moment, voici quelle avait été la théorie de l'avocat général et quelle fut la théorie de la Cour :

Un duel avait eu lieu ; les duellistes étaient poursuivis. Le juge d'instruction mande devant lui le docteur Saint-Pair qu'il sait avoir donné ses soins au sieur Giraud, blessé dans cette affaire. Le docteur Saint-Pair refuse de répondre en ces termes : « Je suis appelé en qualité de médecin pour répondre à des questions posées

(1) Dall. *Rép.* V° *Témoin,* 46.
(2) D. P. 45. 1. 340.

sur des faits dont je puis avoir eu connaissance dans l'exercice de ma profession ; je ne crois pas devoir répondre aux questions qui me sont faites conformément aux dispositions du Code. » Il est condamné à 150 francs d'amende. Puis, appelé devant la Cour d'assises, il refuse encore de répondre ; mais il ajoute sous la foi du serment : « que ce qui s'était passé entre lui et le sieur Giraud avait été confidentiel » et que « ce n'était que secrètement qu'il avait été introduit près du blessé ». Cette fois la Cour admet l'excuse : « Attendu que tout citoyen doit fournir à la justice les renseignements qui sont en son pouvoir et qui sont de nature à faire connaître la vérité ; — qu'il appartient surtout aux médecins de l'éclairer sur les causes qui ont occasionné la mort et les blessures ; — attendu que le principe général ci-dessus énoncé ne reçoit d'exception en ce qui concerne les médecins que lorsque les questions auxquelles ils sont appelés à répondre *touchent à des faits confidentiels soit par leur nature, soit par la volonté des parties ;* — attendu que s'il est impossible d'admettre dans sa généralité la théorie soutenue par M. le docteur Saint-Pair, il a déclaré devant la Cour que, dans l'espèce, ce qui avait eu lieu entre lui et le sieur Giraud avait été confidentiel ; que ce n'avait été même que secrètement qu'il avait été introduit près du blessé ».

La Cour de cassation repoussa la théorie de l'avocat général Quenault, qui prétendait laisser le médecin libre de décider selon sa conscience ce qu'exige en de pareilles occasions le devoir de sa profession. Mais elle confirma l'arrêt de la Cour ; elle en adopta à peu près les motifs ; cependant elle précisa et restreignit les cas où le médecin a le droit de se taire. « Attendu..... qu'il ne suffit pas à celui qui exerce une de ces professions, pour se refuser de déposer, d'alléguer que c'est dans l'exercice de sa profession que le fait sur lequel sa déposition est requise est venu à sa connaissance ; — mais qu'il en est autrement *lorsque ce fait lui a été confié sous le sceau du secret auquel il est astreint à raison de sa profession.* » Remarquons qu'il n'est plus ici question comme dans l'arrêt de la Cour de Pointe-à-Pitre « *de faits confidentiels par leur nature* ».

4° L'avoué peut et *doit* refuser de déposer sur les faits qu'il a appris non seulement dans ses fonctions d'avoué mais comme *conseil*. — Aff. Génestal. Cour d'appel de Paris, 8 avril 1851. — (Cette décision est intéressante : pour la première fois les tribunaux indiquent que le silence peut être non seulement une faculté mais même une obligation. « Attendu..... qu'en refusant de répondre Génestal a usé d'un droit et même rempli un *devoir* ».)

5° Les notaires peuvent se couvrir du secret professionnel pour refuser parfois leur témoignage. Mais il faut que la confidence dont il s'agit leur ait été faite dans l'exercice de leurs fonctions et *sous le sceau du secret* (affaire Lamarre. Cass. 10 juin 1853) (1). Un arrêt de

______

(1) D. P. 53. 1. 205.

Cassation du 7 avril 1870 a reproduit cette théorie (1).

6° Un avocat, appelé en témoignage sur des faits qu'il déclare n'avoir appris qu'en sa qualité d'avocat, n'a dans sa déposition d'autre règle que sa conscience (Cass. 24 mai 1862) (2). Cette décision n'était d'ailleurs pas nouvelle pour les avocats (Cass. 20 janvier 1826).

7° Le magistrat peut et doit garder le silence sur les révélations qui lui ont été faites confidentiellement. (Cass. 18 août 1882) (3). « Attendu que... le témoin a le droit et même le *devoir* de ne donner aucune explication sur des faits dont il n'aurait eu connaissance qu'*à raison de sa profession* et qui ne lui auraient été révélés qu'*à titre confidentiel* ».

8° Enfin, dans l'affaire Watelet, sur laquelle nous reviendrons plus loin, la Cour de cassation (19 décembre 1885) (4) a confirmé la condamnation prononcée contre un médecin pour avoir « révélé au public un ensemble de faits *secrets par leur nature* et dont il n'avait eu connaissance qu'*à raison de sa profession* ».

Telle est, brièvement résumée, la jurisprudence sur la question de savoir quelles limites il convient de donner au secret professionnel.

Ce qui frappe tout d'abord dans ces décisions, c'est qu'elles ne traitent pas absolument de la même manière les diverses professions. L'avocat, s'il est témoin, sera

(1) D. P. 70. 1. 185.
(2) D. P. 62. 1. 545.
(3) D. P. 83. 1. 46.
(4) D. P. 86. 1. 347.

seul juge du caractère confidentiel des faits sur lesquels il est appelé à déposer. Quand M. l'avocat général Quenault prétend étendre cette disposition aux médecins, la Cour suprême refuse de faire droit à ses conclusions. Les notaires ne sont pas traités de la même manière que les avoués. Cependant l'article 378 est absolu et général : on ne peut y trouver trace de pareilles distinctions. Nous examinerons au chapitre III quelles professions peuvent être comprises dans la formule, peut-être un peu vague, de l'article 378. Mais ce qu'on ne saurait admettre en bonne logique, c'est que, pour toutes les professions astreintes au secret, la règle ne fut pas la même, puisque le Code pénal les englobe toutes dans une disposition commune. Il n'y a pas légalement plusieurs espèces de secrets professionnels. Nous n'avons pour édifier notre doctrine qu'une base unique : l'article 378.

On a souvent cité une lettre adressée par Lamennais au docteur Pierquin de Montpellier, le 17 décembre 1824 : « Le confesseur, dit Lamennais, est tenu au secret par des motifs d'un ordre à part ; presque toujours c'est le coupable qui s'adresse à lui ; il n'est en rapport qu'avec la conscience ; c'est un sanctuaire dont il ne sort pas. Mais le médecin qui aperçoit ce qu'on ne lui déclare pas, ce qu'on voudrait plutôt lui cacher, a deux devoirs à remplir : l'un envers le malade qui réclame ses soins, l'autre envers la société dont il est, en cette occasion, le ministre. Et si, ce qui n'est pas douteux, il doit avertir le magistrat lorsqu'une maladie présente à ses yeux des signes alarmants de contagion, combien n'est-il pas plus obligé de révéler ce qui menace, non seulement la vie de quelques hommes, mais celle même de la société. » Mais il est probable que Lamennais ne songeait pas à trancher une question juridique.

Non seulement la jurisprudence a établi des différences inexplicables entre les diverses professions qu'elle a soumises à la loi du secret, mais elle a aussi parfois mis de singulières réserves au devoir de discrétion.

Les secrets *qu'on leur confie*, dit le Code pénal. Certains arrêts et beaucoup d'auteurs partent de là pour exiger qu'il y ait eu confidence expresse. C'est vraiment jouer sur les mots. M. Hémar (1), parlant des médecins, dit avec beaucoup de raison : « Toute confidence du malade étant le résultat de la nécessité où il se trouve d'invoquer le secours de la science est présumée faite sous le sceau du secret. C'est ce que la doctrine qualifie de *secret nécessaire*. » M. Hémar rappelle à ce propos les paroles de M. l'avocat général Quenault : « Entre le malade et son médecin, les confidences sur les causes de la maladie sont forcées, puisqu'elles peuvent seules mettre sur la voie de la guérison. Le dépot des secrets du malade dans la conscience du médecin est donc un dépot nécessaire. » La Cour d'Angers était déjà entrée dans cette voie lorsqu'elle avait acquitté le docteur Chédanne, poursuivi pour avoir refusé de donner dans une

(1) Hémar, *Le secret médical au point de vue de la révélation des crimes et des délits*, p. 9.

déclaration de naissance le nom de la mère « bien que ni la mère de l'enfant, ni les personnes chez qui elle servait lui aient imposé l'obligation du secret » (1). Mais cette décision demeura isolée.

Il faut aller plus loin ; il faut généraliser le devoir de discrétion et tracer un système dont on trouve l'ébauche dans certains documents de jurisprudence, et qui peut se formuler ainsi : *Lorsque l'une des personnes, mentionnées ou visées dans l'article* 378, *a reçu ou surpris un secret, à cause de la confiance qui s'attache à sa profession, elle est tenue au silence.* Cette interprétation, la plus simple et la plus rationnelle de la loi, a été exposée et défendue par M. Muteau dans son savant traité *Du secret professionnel.*

Le premier avantage de cette théorie est d'enlever au dépositaire du secret, à celui que M. Muteau appelle le *confident nécessaire,* le soin de consulter sa conscience pour apprendre d'elle s'il doit parler ou se taire. En laissant chacun libre d'apprécier à sa guise l'étendue de son devoir professionnel, on met le client à la merci du médecin ou de l'avocat. On tue la confiance. On manque le but de la loi. Le délit n'existe plus, puisque le prévenu peut se justifier d'un mot : « J'ai consulté ma conscience et n'ai agi que sur ses ordres ». C'est là une façon originale d'entendre la loi pénale. On comprend que les tribunaux aient refusé d'accorder aux médecins ces pouvoirs d'interprétation ; mais on s'étonne qu'ils

____
(1) D. P. 51. 2. 20.

les aient sans difficulté donnés aux avocats. « Nul
n'est assez sûr de lui-même pour mettre sa conscience à
la place de la loi » (1).

Cette règle unique et impérative, que nous voudrions
substituer aux inspirations de la conscience individuelle
et à l'arbitraire des tribunaux, n'a pas besoin de biens
longs commentaires.

L'obligation du secret existera non seulement pour
les aveux et les déclarations faits au médecin, à l'avocat,
au notaire, etc...., mais aussi pour toutes les constatations faites à l'insu même de la personne qui a réclamé
leur ministère. M. Trébuchet dans sa *Jurisprudence de
médecine* cite l'exemple suivant emprunté au *Journal
général de médecine* : « Un médecin appelé auprès d'une
femme qui est menacée d'une fausse couche, explore l'é-
tat des parties génitales ; il trouve une plaie au museau
de tanche... Un instrument piquant a été implanté
sur cette partie. Une tentative de provocation d'avortement, au moyen de cet instrument, a été faite ; il n'en
peut douter. Que faire ? Il n'est pas tenu au secret par
la loi, car on ne lui a rien *confié* ». L'exemple nous
montre bien où peuvent en venir ceux qui interprètent ju-
daïquement le mot « confier » de l'article 378. C'est avec
beaucoup de raison qu'après avoir cité ce passage, Dalloz ajoute : « Nous ne pensons pas que l'on puisse dire
sérieusement que la femme qui aura permis au médecin

(1) Bruno-Lacombe, *Le secret professionnel en médecine*, discours prononcé à l'audience solennelle de rentrée de la Cour de Bordeaux le 16 octobre 1885.

d'examiner ses parties génitales ne lui a rien confié ; car il
est facile de comprendre qu'en se livrant à l'examen d'un
homme de l'art, elle lui a confié tout ce qu'il peut apprendre par les investigations auxquelles elle se prête » (1).

L'avocat en étudiant une affaire, le médecin en soignant un malade, et tous les autres confidents prévus
par l'article 378 peuvent surprendre bien des secrets
qu'on ne saurait leur dérober dans l'intimité imprévue
qu'impose l'exercice de leur état. La loi du secret protège toutes ces confidences volontaires ou forcées. C'est
ce qu'enseignait Domat (2) : « Comme les médecins, les
chirurgiens et les apothicaires ont souvent des occasions
où les secrets des malades ou de leurs familles leur sont
découverts, soit par la confiance qu'on peut avoir en eux
ou par les conjectures qui rendent leur présence nécessaire dans le temps où l'on traite d'affaires ou autres
choses qui demandent le secret, c'est un de leurs devoirs
de ne pas abuser de la confiance qu'on leur a faite et de
garder exactement et fidèlement le secret des choses qui
sont venues à leur connaissance et qui doivent demeu-
rer secrètes. » De même l'avocat et l'avoué peuvent, dans
des lettres ou des pièces versées dans leurs dossiers,
surprendre bien des secrets, qui n'ont nul rapport avec
l'affaire pour laquelle on a requis leur ministère. N'importe ; s'ils divulguaient ces faits, ils tomberaient sans
nul doute sous le coup de la loi pénale. Le silence est

(1) Dalloz. *Rép.* V° *Révélation de secrets*, 18.
(2) Domat, *Lois civiles*, 2ᵉ partie, p. 129.

un devoir, le secret fût-il celui d'un crime. « L'exigence du devoir ne fléchit pas devant l'infamie d'autrui. » La jurisprudence s'est refusée à admettre cette théorie. Car dans l'arrêt Cressent (23 juillet 1830), que nous avons cité plus haut, la Cour de cassation, si elle semble reconnaître au notaire le droit de se taire sur les pourparlers qui précèdent la conclusion d'un acte, lui a fait un devoir formel de témoigner « *sur l'apport d'une certaine somme d'argent qui avait été apportée dans son étude par un individu objet d'une prévention* »... Et pourtant c'est bien au *notaire* qu'avait été apporté ce dépôt ; c'est en sa qualité de *notaire* qu'il l'avait reçu. Ce sont là, encore une fois, des distinctions dont on ne trouve nulle trace dans le texte de la loi.

On comprend d'autant moins ces solutions qu'en d'autres occasions la jurisprudence a singulièrement élargi le secret professionnel (Aff. Laveine, Cass. 30 novembre 1810 (1) ; aff. Génestal, 5 avril 1851).

Pour échapper aux peines de l'article 378, des médecins, poursuivis en vertu de cette disposition, ont parfois allégué que les faits dont on leur reprochait la divulgation n'étaient point secrets, parce que auparavant ils étaient déjà connus du public. La jurisprudence a fait justice avec beaucoup de raison de cette excuse.

Dans l'affaire Watelet, M. le conseiller Tanon, rapporteur, s'exprimait ainsi : « Les faits secrets de leur nature tomberont donc sous l'application de l'ar-

(1) Dalloz. *Rép.* V° *Témoin*, 52.

cle 378 ; mais la divulgation plus ou moins complète, qui viendrait à en être faite par d'autres voies au public. relèverait-elle le médecin, l'avocat, de l'obligation du secret ? Nous avons peine à l'admettre. Et d'abord, quel sera le genre de notoriété qui fournira cette excuse au médecin ? De simples bruits dans le public ou quelques nouvelles de presse suffiront-ils ?..... Mais quelle que soit cette notoriété, le témoignage du dépositaire du secret viendra toujours y ajouter quelque chose : il transformera toujours en un fait avéré, certain, ce qui n'avait été jusqu'alors qu'un fait, peut-être divulgué, mais livré à la controverse... ». La Cour de cassation partagea l'avis de M. Tanon.

La Cour de Besançon, dans un arrêt du 23 mai 1888, a appliqué les mêmes principes et a jugé que « la circonstance que les faits portés par un médecin à la connaissance du public étaient déjà connus de quelques personnes ne dégage point sa responsabilité, alors que lui-même ne les a connus que sur la confidence de la famille ou d'un autre médecin qui avait eu précédemment le même malade en traitement » (1).

Il ne nous paraît pas que cette thèse puisse être sérieusement discutée. Dans les deux espèces que nous venons de citer, les faits divulgués n'étaient assurément venus à la connaissance du médecin qu'à cause de la confiance attachée à sa profession. Il y avait donc lieu d'appliquer l'article 378.

(1) *Le Droit*, 9 juin 1888.

CHAPITRE II

DE LA RÉVÉLATION.

I. — THÉORIE GÉNÉRALE. — DE L'INTENTION DE NUIRE.

Il faut distinguer la *révélation* de la *publication*. « La publication n'est point nécessaire pour constituer le délit. La révélation la plus restreinte peut suffire. » Il est évident qu'un secret communiqué à une seule personne n'est plus un secret. Pour qu'il y ait calomnie, il faut la publicité, mais non pour le délit de l'article 378. « Aussi paraît-il certain que le médecin qui aurait fait à cet égard une confidence à sa femme, la sage-femme qui aurait fait des révélations à son mari seraient punissables suivant l'article 378 du Code pénal » (1).

Le Code pénal punit ceux qui violent le secret professionnel « hors le cas où la loi les oblige à se porter dénonciateurs ».

Mais les dispositions qui étaient ici visées ont disparu du Code pénal. C'étaient : l'article 103 imposant à toute personne, ayant eu connaissance de complots formés contre la sûreté de l'État, l'obligation de les révéler dans

(1) Dalloz, V° *Révélation de secrets*, 21.

les vingt-quatre heures, — l'article 104 punissant la
non-révélation du crime de lèse-majesté de la réclusion, —
l'article 105 punissant la non-révélation des autres complots d'un emprisonnement de deux à cinq ans et d'une
amende de 500 à 2,000 francs, — les articles 106 et 107
contenant des dispositions additionnelles, — les articles
136 et 137 punissant la non-révélation du crime de fausse
monnaie. Tous ces articles de l'ancien Code pénal furent
abrogés par la loi du 28 avril 1832. Devant la Chambre
des pairs, M. de Bastard, rapporteur, s'était ainsi exprimé : « Le projet de loi affranchit de toute peine la non-
révélation. Votre commission, appelée à s'expliquer sur
cette disposition nouvelle, n'hésite pas à dire qu'elle re-
garde la révélation d'un crime d'État comme un des devoirs les plus rigoureux que la morale publique impose
aux citoyens... Dans l'impossibilité de fixer la limite
entre ce que l'intérêt public commande et ce qu'une certaine délicatesse réprouve, votre commission d'accord
avec le gouvernement a cru que le législateur devait abandonner à la conscience éclairée des citoyens l'accomplissement de ce devoir. »

Il n'y a donc plus aujourd'hui aucune restriction au
devoir qu'impose l'article 378. Cependant un grand
nombre d'auteurs ont voulu distinguer la révélation délictueuse de la révélation innocente, la révélation facultative de la révélation interdite ; certains même ont
indiqué des cas de révélation obligatoire. Nous étudierons tour à tour les diverses réserves qu'on a voulu

apporter au principe du secret professionnel. Mais toutes ces questions se rattachent à un problème capital : *pour qu'il y ait délit de révélation de secrets, l'intention de nuire est-elle nécessaire ?* Il faut avant tout résoudre cette difficulté.

L'opinion que l'intention de nuire est une condition essentielle du délit de révélation a été défendue par MM. Faustin Hélie et Chauveau, M. Hémar, M. Dalloz etc... La théorie contraire a dans la doctrine des partisans moins nombreux ; esquissée par MM. Rauter et Cubain, elle a été reprise et développée par M. Muteau qui en a fait le point de départ de son ouvrage : *Du secret professionnel.* Quand, en 1869, M. Hémar présenta à la Société de médecine légale son rapport sur le secret médical, MM. Worms et Demange du barreau de Paris se rallièrent à la théorie de MM. Rauter et Cubain.

Quant à la jurisprudence, la Cour de cassation avait d'abord admis que, sans intention de nuire, il ne pouvait y avoir délit de révélation. « Attendu, dit l'arrêt rendu sur l'affaire Cressent le 23 juillet 1830, que l'article 378 est placé sous la rubrique des calomnies injures et révélations de secrets ; qu'il a pour objet de punir les révélations indiscrètes inspirées par la méchanceté et le dessein de diffamer et de nuire ». Mais la Cour de cassation a abandonné cette thèse et, dans un arrêt du 18 décembre 1885 (affaire Watelet) (1), elle a déclaré

(1) L'arrêt rendu dans l'affaire Watelet a une grande importance au point de vue de l'interprétation de l'article 378. C'est à la suite de cette dé-

que « le délit existe dès que la révélation a été faite avec connaissance, indépendamment de toute intention de nuire ».

Outre l'argument tiré de la place occupée par l'article 378 dans le Code pénal, les partisans de la première opinion font encore valoir :

cision que M. le docteur Brouardel a écrit son livre *du Secret médical*. Le savant doyen de la Faculté de médecine professait depuis longtemps dans son cours la doctrine du *secret absolu*. La nouvelle jurisprudence de la Cour de cassation est la justification *légale* de la théorie *professionnelle* de M. le docteur Brouardel. Nous devons donc rappeler ici le cas du docteur Watelet et citer l'arrêt de la Cour de cassation.

M. Watelet avait écrit le 13 décembre 1884 au journal *Le Matin* la lettre suivante :

Monsieur le directeur du Matin,

Monsieur,

Dans *le Voltaire* de ce jour, 13 décembre, à propos de la mort de M. Bastien Lepage, on parle d'une consultation qui aurait eu lieu, il y a plus d'un an, entre les Drs Potain, Alfred Fournier, Marchand et Watelet, votre serviteur, laquelle consultation aurait eu pour conclusion l'impossibilité d'intervenir chirurgicalement.

Le même journal déclare également que le climat d'Alger a dû *activer* le développement de la maladie, *sans doute* à cause de la chaleur.

Ces deux allégations sont fausses, et je vous demanderai la permission d'y répondre, comme c'est mon droit.

Pendant près de dix années, j'ai été le confident et le médecin de Bastien Lepage et, à ses derniers moments, à son retour d'Alger, une coterie infâme m'a écarté de son chevet après avoir persuadé à sa pauvre mère, à son frère, que je l'avais envoyé mourir là-bas, pour décharger sans doute ma responsabilité.

Cette imputation déloyale m'oblige à rétablir les faits, et je suis sûr qu'en cette circonstance je ne serai démenti par aucun des maîtres dont je m'étais entouré dans l'intérêt de mon pauvre ami.

Il y a vingt mois, en mai 1883, je constatais chez mon ami une tumeur du testicule gauche. Immédiatement je fis venir en consultation M. le Dr Marchand, chirurgien des hôpitaux, professeur agrégé de la Faculté de Paris, et M. le professeur Alfred Fournier, pour lequel Bastien semblait avoir une grande prédilection, comme médecin consultant. Une opération radicale fut décidée, et la tumeur fut enlevée par M. Marchand. Je

1° Le principe de droit qu'il n'y a point de délit sans intention de nuire ;

2° Les termes de l'exposé des motifs. Il y est question de « révélations qui souvent ne tendent à rien moins

l'assistai, et M. le professeur Fournier voulut bien administrer le chloroforme.

L'examen de la tumeur fut confié au Dr Malassez, préparateur au Collège de France, et il déclara que la nature cancéreuse ne laissait aucun doute ; que la mort était certainement à courte échéance.

Les suites de l'opération furent heureuses. Bastien partit à la mer, passa l'hiver à Damviller et revint à Paris, au mois de mars 1884, très affaibli, souffrant de tout le ventre et désirant aller à Alger, guérir ses rhumatismes, comme il disait.

A cette époque, je fis venir en consultation mon maître, le professeur Potain, qui conseilla vivement ce voyage.

Il partit. Je ne l'ai plus revu. Voilà les faits.

Il est nécessaire, dans l'intérêt de la vérité, plus encore que pour me laver d'accusations infâmes et mensongères, qu'on sache bien que la maladie était bien définie et de nature cancéreuse ; que les sommités médicales et chirurgicales ont conclu à une opération terrible, la castration, opération qui ne pouvait être que palliative et accorder au maximum deux années d'existence ; que la récidive était prévue, le cancer devant se reproduire fatalement dans l'intestin ou dans les reins.

Enfin, que le climat d'Alger, si incriminé auprès de la famille, ne pouvait avoir, de l'avis du Dr Potain, la mauvaise influence qu'on lui a prêtée.

Mon pauvre ami devait fatalement mourir, et ni mon dévouement ni la science ne pouvaient le sauver.

Recevez.....

Dr WATELET.

Poursuivi à la requête du ministère public, M. Watelet fut condamné en première instance à 100 francs d'amende ; la Cour (5 mai 1885) confirma le jugement, et la Cour de cassation rendit son arrêt le 18 décembre 1885 :

« LA COUR.....

Sur le premier moyen tiré de la violation de l'article 378 du Code pénal en ce que l'intention de nuire n'aurait pas été établie à la charge du prévenu.

« Attendu que l'article 378 du Code pénal punit d'un emprisonnement d'un à six mois et d'une amende de 100 à 500 francs, les médecins, chirurgiens et autres officiers de santé, ainsi que les pharmaciens, les sages-femmes et toutes autres personnes dépositaires par état ou profession des secrets qu'on leur confie, qui hors le cas où la loi les oblige à se porter dénonciateurs auront révélé ces secrets ;

« Attendu que cette disposition est générale et absolue et qu'elle punit

qu'à compromettre la réputation de la personne dont le secret est trahi... enfin à ne montrer que des traîtres dans ceux dont l'état semble ne devoir offrir que des êtres bienfaisants et consolateurs ». *Compromettre la*

toute révélation du secret professionnel, sans qu'il soit nécessaire d'établir à la charge du révélateur l'intention de nuire ;

« Que c'est là ce qui résulte tant des termes de la prohibition que de l'esprit dans lequel elle a été conçue ;

« Attendu qu'en imposant à certaines personnes, sous une sanction pénale, l'obligation du secret, comme un devoir de leur état, le législateur a entendu assurer la confiance qui s'impose dans l'exercice de certaines professions et garantir le repos des familles qui peuvent être amenées à révéler leurs secrets par suite de cette confiance nécessaire ;

« Que ce but de sécurité et de protection ne serait pas atteint si la loi se bornait à réprimer les révélations dues à la malveillance en laissant toutes les autres impunies ;

« Que le délit existe dès que la révélation a été faite avec connaissance, indépendamment de toute intention de nuire.

« Sur le deuxième moyen tiré de la violation des articles 378 du Code pénal et 7 de la loi du 20 avril 1880, en ce que l'arrêt attaqué aurait omis de répondre à des conclusions sur lesquelles il était articulé que les faits dont la publication était imputée au demandeur avaient été divulgués dès avant cette publication, et qu'il n'y avait point eu dès lors de révélation de secret :

« Attendu que ce moyen manque en fait ; qu'aucunes conclusions n'ont été prises par le demandeur de ce chef ;

« Que celles mêmes qui auraient été, d'après sa prétention, déposées par son coprévenu, n'existent point en minute, et que le jugement ni l'arrêt n'en font aucune mention ;

« Attendu, d'ailleurs, qu'il résulte de l'arrêt attaqué et du jugement dont l'arrêt a adopté les motifs, que Watelet, en adressant au journal *Le Matin*, sur les causes de la mort de Bastien Lepage et les circonstances de sa dernière maladie, une lettre destinée à la publicité et insérée, conformément à ses intentions, dans le numéro du 13 décembre, a révélé au public un ensemble de faits secrets par leur nature et dont il n'avait eu connaissance qu'à raison de sa profession, alors qu'il traitait Bastien Lepage en qualité de médecin ;

« Que, par cette constatation souveraine de fait, l'arrêt attaqué aurait suffisamment répondu aux articulations du demandeur, à supposer qu'elles eussent été formulées dans des conclusions régulièrement prises ;

« Et attendu, d'ailleurs, que l'arrêt est régulier ;

« Par ces motifs, REJETTE.

(*Gazette des Tribunaux*, 5-12 mars, 22 avril, 6 mai, 20 décembre 1885.)

réputation….., des traîtres, autant de mots qui, dit-on, impliquent l'intention de nuire chez les délinquants.

Écartons d'abord cette objection tirée des travaux préparatoires. L'exposé des motifs est loin d'être aussi concluant qu'on veut bien le dire, quand on le reprend dans son intégrité. Il ne s'agit pas seulement de prévoir des malignités de langage. Le mot *souvent* indique chez le législateur d'autres préoccupations. La vraie raison de cet article 378, c'est la nécessité d'inspirer à chacun pleine confiance dans la discrétion de certaines personnes dont le ministère lui est indispensable. L'exposé des motifs, que nous avons rapporté au début de cette étude, est là-dessus très explicite.

Quant à la rubrique sous laquelle est placé l'article 378, la conclusion qu'on en prétend tirer est vraiment singulière. Notre texte est, il est vrai, placé à la fin du paragraphe relatif aux calomnies et injures ; mais dans le titre même de ce paragraphe, la révélation des secrets est indiquée comme un délit séparé. On ne voit pas pourquoi un simple rapprochement en quelque sorte typographique forcerait le magistrat à appliquer la même règle à deux délits aussi différents. Une loi sur la diffamation protège seulement l'honneur et la réputation des citoyens. L'article 378 a le même but sans doute ; mais il en a aussi un autre plus élevé et plus général : c'est d'inspirer confiance en certaines classes de personnes dont les professions sont de nécessité publique ; il protège ainsi l'honneur aussi bien que la santé des citoyens, leur fortune comme le secret de leur correspondance.

Aussi bien, pour exiger l'intention de nuire comme élément essentiel du délit, insiste-t-on surtout sur cette règle : *il n'y a pas de délit sans intention de nuire.*

Cette règle n'est point générale. L'homicide par imprudence est un délit ; pour le punir, on ne tient nul compte de la volonté de celui qui l'a commis. D'ailleurs, est-elle même bien exacte, cette formule que l'on prétend être l'expression du Droit commun ? Ne confond-on pas l'intention de nuire et l'intention criminelle? Ce sont pourtant là deux dispositions d'esprit bien distinctes. Un voleur n'a souvent l'intention de nuire ni au volé ni à la société : ce qu'il considère, c'est non le dommage pour autrui, mais le profit pour lui-même. Son intention n'en est pas moins criminelle, car il a eu la volonté de transgresser la loi pénale. Voici comment Dalloz expose cette théorie, d'ailleurs admise par presque tous les criminalistes : « La peine ne peut frapper qu'un coupable, et point de culpabilité sans intention criminelle. Mais cette *intention ne doit pas porter seulement sur la nocuité de l'action commise ; il ne suffit pas que le prévenu n'ait pensé en aucune façon à nuire à autrui ;* la volonté de nuire n'est pas la seule que la loi punisse, et l'homme qui s'est livré à un acte défendu par la loi en sachant qu'il faisait mal mérite le châtiment, alors même qu'il ne se serait pas présenté à son esprit la plus petite volonté de causer un dommage. » Dalloz n'a point jugé bon d'appliquer ces principes à la révélation

des secrets. Mais nous devons retenir cette théorie, qui
dément de la façon la plus formelle la règle prétendue
de Droit commun : sans intention de nuire, pas de
délit.

Ces objections une fois écartées, revenons à l'article 378. M. Rauter dit à ce sujet : « Le délit consiste
dans la violation du dépôt de confiance fait aux personnes dont il s'agit. L'intention criminelle existe donc
par cela seul que le dépositaire viole volontairement ce
dépôt et se met ainsi au-dessus de la loi : il n'est donc
pas nécessaire qu'il veuille nuire à la personne dont la
confiance a été lésée, il suffit qu'il veuille nuire au dépôt
qu'il a reçu. » M. Hémar trouve cette doctrine trop
subtile et trop absolue. La subtilité doit être mise au
compte de M. Rauter qui a donné à sa théorie un tour
assez malheureux. Il est en effet malaisé de comprendre quel genre d'intérêt « le dépôt » peut avoir en pareille affaire. Mais en revanche, on découvre sans peine
le grand intérêt de la société à ce que les médecins
n'aillent pas conter les maladies, et les avocats les procès
de leurs clients. Cet intérêt justifie l'absolutisme de la
thèse soutenue par M. Rauter. Qu'importe que le médecin ait parlé par méchanceté, par légèreté, par vanité,
ou même par désir de rendre service à quelqu'autre ;
l'effet de sa trahison n'en sera-t-il pas toujours aussi
inquiétant pour le public forcé de recourir aux services
des médecins ? Le confident nécessaire a-t-il par sa faute
diminué la confiance qu'on accorde aux gens de sa pro-

fession? Tout est là. Certes, on comprend que l'intention du délinquant, suivant qu'elle a été meilleure ou pire, amoindrisse ou augmente sa culpabilité. Mais on ne voit pas comment elle pourrait l'effacer.

Le texte de la loi porte-t-il donc trace de toutes ces distinctions imaginées par les jurisconsultes? On n'y lit qu'une exception : « Hors le cas où la loi leur ordonne de se porter dénonciateurs. » Il n'est question ni de révélation injurieuse ni de révélation scandaleuse, mais de révélation tout court. Il faut s'en tenir à la lettre de la loi : *in re dubia melius est verbis edicti servire*.

Si l'on s'écarte de cette règle, on risque de se perdre au milieu des interprétations les plus fantaisistes, et de ne plus se décider que par sentiment ou convenance ; nous en verrons maint exemple dans la suite. Mais relevons dès maintenant une première dissidence sur la procédure parmi les auteurs qui exigent l'intention de nuire pour constituer le délit de révélation de secrets. Les uns soutiennent que la preuve de l'intention de nuire doit être faite par la prévention : « rien dans la loi ne paraît autoriser une dérogation à des règles qui touchent de si près à l'intérêt social (1) ». Les autres, au contraire, pensent « que le seul fait d'une indiscrétion volontaire doit faire présumer l'intention de nuire, et que c'est au prévenu à justifier qu'il n'avait pas cette intention (2) ». Cette controverse est la meilleure preuve que le prin-

(1) Hémar, *loc. cit.*, p. 12.
(2) Hélie et Chauveau, *Théorie du Code pénal*, V. nº 1691.

cipe sur lequel s'appuient les uns et les autres n'est pas
bien solide.

II. — QUESTIONS DIVERSES.

Nous devons examiner les différents cas où soit la
doctrine soit la jurisprudence ont prétendu enlever à la
révélation des secrets le caractère d'un délit.

**1°. — La révélation cesse-t-elle d'être un délit, quand le dépo-
sitaire du secret est autorisé à le divulguer par la personne
même qui le lui a confié.**

La réponse est des plus simples, si l'on admet : 1° qu'il
n'y a secret légal qu'en cas d'une confidence expresse
et formelle ; 2° qu'il n'y a pas de délit de révélation sans
l'intention de nuire. Car si le secret dérive de la volonté
privée, celle-ci peut le faire disparaître ; et d'autre part,
l'autorisation donnée au confident nécessaire empêche
qu'on le puisse soupçonner d'une intention méchante.
Mais nous avons écarté ces deux idées et nous avons tâché,
une fois pour toutes, de démontrer qu'il ne faut pas en
tenir compte en interprétant l'article 378.

La jurisprudence et les auteurs sont en général d'accord pour *permettre* au confident de ne point parler,
alors même qu'il en est prié par la partie intéressée.
Telles n'étaient point les traditions de l'ancien Droit.
« Le confesseur, en matière de crimes, peut et doit
même révéler la confession, lorsqu'il en a reçu la permission de son pénitent » (Jousse). On lit dans Raviot

3

sur Perrier (arrêts notables du Parlement de Dijon, quest. XCI), qu'une jeune fille, accusée d'avoir dissimulé sa grossesse et l'ayant fait connaître à son confesseur, invoquait son témoignage ; « le confesseur fit grande difficulté de révéler ce qui lui avait été dit sous le sceau du secret dans l'administration du sacrement de pénitence. Il consulta la Sorbonne, qui lui répondit que le secret ne devait point être observé *in necem* de celle qui l'avait confié, et qui était la maîtresse d'en permettre la révélation par celui qu'elle en avait fait dépositaire ».

La doctrine moderne autorise toujours en pareil cas le confident *nécessaire* à refuser de livrer le secret qui lui a été confié. La jurisprudence est très nette sur ce point. Il y a plusieurs décisions qui ne laissent place à aucun doute :

1° 24 septembre 1827, Cour de Montpellier (1). — M⁰ Teyssier, notaire, avait été condamné par le Tribunal pour avoir refusé de déposer, alors que les parties elles-mêmes autorisaient la révélation. Il fit appel de ce jugement, soutenant « que cette autorisation, quelle qu'elle soit, ne saurait le dégager des obligations qui sont de l'essence même du ministère des notaires, et par conséquent d'ordre public ». La Cour infirma le jugement.

2° 11 mai 1844. Cass., affaire Chabaudy. — Il s'agissait d'un avocat, placé dans la même situation et refusant malgré tout sa déposition. La Cour de cassation l'approuva formellement : « Attendu que l'avocat a toujours

____
(1) Dalloz. *Rép.* V⁰ *Témoin*, 47.

été tenu de garder un secret inviolable sur tout ce qu'il apprend à ce titre ; que cette obligation absolue est d'ordre public et qu'il ne saurait dès lors appartenir à personne de l'en affranchir ».

3° 23 août 1828. Aff. Fournier c. Rémusat (1). — Cour de Grenoble. — Une demande en séparation de corps avait été formée par la dame Rémusat contre son mari. Entre autres griefs, la dame Rémusat alléguait avoir été victime d'une maladie honteuse qui lui avait été communiquée par son mari. Au nombre des témoins était le docteur Fournier qui fut assigné par la dame Rémusat à l'effet de déposer qu'il l'avait traitée dans sa maladie, et rendre compte de tout ce qu'il savait à cet égard. Le médecin se retrancha derrière l'article 378, refusa de déposer, fut condamné par le Tribunal et fit appel. La Cour de Grenoble lui donna raison, « parce que les premiers juges ne pouvaient pas, pour enjoindre au docteur Fournier de déposer, s'étayer sur cette circonstance que c'est la dame Rémusat elle-même qui invoque son témoignage », et aussi parce que « le sieur Rémusat aurait pu de diverses manières prendre part à la confidence faite par sa femme au médecin, et que sous ce rapport le secret de la dame Rémusat aurait aussi été celui de son mari ».

4° 15 décembre 1887. Devant la Cour d'assises du Lot-et-Garonne, un notaire, M⁰ Boudin, refusait de déposer au sujet de conférences qui avaient eu lieu dans

____

(1) D. *Rép.* V⁰ *Témoin*, n⁰ 49.

son étude entre lui et deux autres personnes, qui le rele-
vaient du secret. La Cour rendit cet arrêt dont le fond
vaut mieux que la forme :

« Attendu......, qu'à supposer que B. et la femme C.
eussent été seuls à faire au notaire Boudin les confidences qu'on voudrait lui entendre révéler, il ne saurait
être puni à raison de son refus de le faire ;

Qu'en effet, formule d'une pensée aussi vieille que la
première conscience humaine, formule dont l'expression se trouvait déjà dans le serment d'Hippocrate, le secret professionnel est d'ordre public, tout aussi bien que
la répression des crimes et délits, puisqu'il intéresse
l'honneur, la sécurité et la constitution des familles dont
l'ensemble compose à son tour la société tout entière ;

Que, fût-il d'ordre privé, tant que la loi qui l'a sanctionné n'en a pas ordonné autrement, le secret professionnel, de même qu'il ne naît que par l'accord des vo-
lontés du dépositaire et du déposant, ne peut cesser
d'exister par la seule volonté du déposant, pas plus qu'un
serment ne peut être délié sans le concours des volon-
tés de celui qui l'a reçu et de celui qui l'a prêté ;

Qu'il doit d'autant plus en être ainsi et qu'il faut
d'autant moins matérialiser le rôle du dépositaire, par
état ou profession, d'un secret, et le réduire à celui d'un
meuble dont les déposants seuls auraient la clef, que ce
dépositaire est présumé juge plus éclairé que le déposant du point de savoir si ce secret doit perdre son caractère confidentiel ; qu'un malade, par exemple, ignore

le plus souvent la portée du secret confié à son médecin;

Que cesser de faire du secret professionnel un secret absolu, pour le convertir en obligation relative, c'est le détruire, en ouvrant la porte aux appréciations les plus arbitraires des cas où sa violation serait permise, parce qu'elle serait utile ou opportune; *sit ut est aut non sit* (1). »

M. le docteur Lavaux a commenté avec beaucoup de justesse cette jurisprudence (2) : « L'obligation prescrite est établie dans un intérêt général, et ce n'est qu'à ce prix que des professions, dont l'exercice importe à la société tout entière, peuvent jouir de la confiance et de la considération nécessaires. Du reste, la Cour de Grenoble a insisté avec raison sur cette question de fait également importante, que le secret de la dame Rémusat ne lui était pas personnel, puisque le médecin aurait dû en même temps trahir la confiance du mari ; mais que, même dans le cas où ce dernier donnerait son assentiment à notre révélation, nous n'en devrions pas moins nous taire; il ne saurait, en effet, nous appartenir de dire à un de nos clients : vous êtes syphilitique ; à un autre : vous êtes cancéreux. S'il en est quelques-uns qui pourraient supporter un semblable aveu, combien d'autres, au contraire, ne verraient-ils pas leurs maladies aggravées en perdant tout espoir de guérison ! »

C'est une raison analogue que nous trouvons déve-

____

(1) *Gazette des Tribunaux*, 28 décembre 1887.
(2) Dr Lavaux, *Du secret en médecine dans ses rapports avec la jurisprudence*, thèse de doctorat.

loppée par M. le docteur Brouardel dans son livre du
Secret médical (1) :

« Dans la pratique médicale il est bien rare que nous
disions la vérité tout entière à nos malades ou à leurs
parents ; nous ne leur devons qu'une vérité relative, celle
qu'il leur est utile de connaître pour prendre les soins
nécessaires à leur santé. Deux exemples suffiront pour
faire comprendre notre opinion.

« Une mère nous amène sa fille. Celle-ci a des lésions
tuberculeuses commençantes du sommet du poumon.
Que dirons-nous du pronostic à la mère anxieuse ? Que
sa fille est phthisique ? C'est un arrêt de mort que nous
prononcerions. Nous dirons qu'il y a un peu de conges-
tion, d'induration, d'engorgement ; qu'il y a lieu, pour
éviter qu'il ne se développe des tubercules, de suivre
telle médication, d'aller dans le Midi. Mais nous n'allons
pas plus loin. Il faut même souvent, pour qu'un malade
reçoive les soins nécessaires, que jusqu'au dernier moment nous entretenions l'espoir dans le cœur des assistants.

« Autre exemple : l'un des ascendants des futurs est
un aliéné, un épileptique. Quand la famille, inquiète pour
les enfants, nous a interrogé sur l'influence de l'hérédité
morbide, n'avons-nous pas cherché à calmer les craintes,
non pas en niant la possibilité du fait, mais en citant
les cas où cette hérédité ne s'est pas montrée ?

« La famille de ces malades nous délie du secret pro-

(1) Brouardel, *Du secret médical*, p. 52.

fessionnel et ajoute : Dites la vérité ! Quelle vérité allons-
nous avouer ? celle que nous avons donnée à la famille
de notre malade ; mais elle n'est que relative, et alors
nous trompons la personne qui nous interroge. La vérité
vraie, complète ? mais alors nous allons bien au delà de
ce que la famille nous a autorisés à dire. Elle ne nous a
délié que de la part de la vérité qu'elle connaît, et celle-
là est incomplète. Dire tout ou partie ne peut que trom-
per et amener précisément les désastres que l'on veut
éviter.

« Aussi, même délié du secret, le médecin doit garder
le silence *dans l'immense majorité des cas.* »

Dans tous les cas, dirons-nous, car nous avons repoussé la théorie qui fait du secret professionnel une
affaire de conscience et d'appréciation individuelle : il
ne faut pas *permettre* seulement au confident de se taire.
C'est là une interprétation trop libre de la loi. Le
confident *doit* se taire, même relevé du secret par
qui le lui a confié. Car il s'agit avant tout d'un intérêt
d'ordre public comme l'ont constaté les arrêts sans aller
jusqu'aux dernières conséquences de leur théorie. Ce
n'est pas l'intervention d'un simple particulier, quel qu'il
soit, qui peut faire ici oublier l'intérêt social. Encore
une fois, cette loi est écrite pour inspirer la confiance
en certaines fonctions ; qui diminue cette confiance du
public viole la loi.

Mais, dit-on, la confiance n'est point diminuée, puisque le client reste maître de ne rien permettre et que,

la permission donnée, le confident nécessaire reste maître de se taire. Il y a là, croyons-nous, une erreur. On fait s'écrouler toute la loi en y taillant ainsi une première brèche.

Du moment que, sous un prétexte quelconque, il est permis de violer le secret professionnel, il n'y a plus de secret. Autorisé à parler par son client, un médecin est venu conter à la justice les maladies qu'il a soignées. Plus tard dans un procès semblable, si une des parties refuse de donner même licence à son médecin : « Voyez, dira-t-on, ce refus de délier le médecin du secret professionnel ; c'est un aveu. » Si elle exhorte son médecin à l'indiscrétion et que celui-ci, pour une des raisons énumérées par le docteur Brouardel, entend ne pas répondre : « Le refus de parler, s'écriera-t-on, c'est la plus terrible des dépositions ! » En fait on va créer de graves présomptions. En livrant aujourd'hui son secret, le confident donne une signification au silence qu'il gardera demain. On dit toujours dans les traités de Droit pénal : « la partie intéressée », en parlant de la personne qui a confié le secret. L'expression est inexacte. La partie intéressée ici, c'est la société.

Le conseil de l'ordre des avocats à la Cour d'appel de Paris a décidé le 8 mars 1887 à la majorité d'une voix l'arrêté suivant :

« L'avocat, délié par son client du secret professionnel, peut déposer sur les faits qu'il a connus comme avocat ; mais il reste seul juge dans sa conscience du point de savoir s'il doit et dans quelles mesures il doit déposer » (1).

Cette doctrine nous paraît trop large et peu conforme à l'article 378.

Ce texte parle-t-il d'ailleurs d'autorisation donnée ou refusée ? Non. Ces mots eussent été pourtant nécessaires pour justifier une exception. Le législateur allemand s'en est si bien aperçu qu'il a ainsi rédigé le paragraphe 300 du Code pénal : « Seront punis d'une amende, etc., les avoués, avocats, défenseurs, médecins, chirurgiens, sages-femmes, pharmaciens, ainsi que les autres personnes qui auront *sans autorisation* révélé des secrets qui leur avaient été confiés à raison de leurs fonctions, profession ou métier ». Le Code français ne contient point cette formule. Il faut donc s'en tenir strictement au texte (2).

2°. — La révélation cesse-t-elle d'être un délit, si elle est faite aux supérieurs légitimes ou surveillants légaux de celui qui a confié le secret ?

C'est là, au dire de certains jurisconsultes, une simple question de fait, et ils ramènent le problème à cette distinction toujours la même : y a-t-il eu ou non en l'espèce intention de nuire ?

Sans rentrer dans cette discussion, faisons seulement observer que rien ne serait plus propre à compromettre

______

(1) Cresson, *Usages et règles de la profession d'avocat*, I, p. 267.
(2) Cette théorie est admise par Faustin Hélie : *Théorie du Code pénal*, XI, p. 537.

médecins ou avocats que de semblables révélations. Il
faut donc les condamner énergiquement. Un domes-
tique qui a un procès s'adresse à un avocat. Celui-ci, en
étudiant le dossier, s'aperçoit de quelqu'indélicatesse
commise par son client. Ira-t-il trouver le maître du do-
mestique et le mettre au courant de ce qu'il a appris?
Ici point d'intention de nuire. Mais l'avocat qui tiendrait
une pareille conduite commettrait un grave manquement
professionnel. Il diminuerait la confiance que le public
doit avoir dans les gens de son état et par là mériterait
assurément les peines édictées par l'article 378.

Il est vrai que les auteurs qui soutiennent la thèse
contraire ont recours à des hypothèses plus dramatiques :
un médecin est appelé par des parents ou par des maîtres auprès d'une jeune fille dont la santé semble com-
promise. Il reconnaît une grossesse soigneusement dis-
simulée et arrivée à son dernier terme ; l'accouchement est imminent ; rien n'est disposé pour recevoir
l'enfant ; la jeune fille proteste encore de sa pureté, en
dépit des constatations de la science. Le crime d'infanticide se prépare. Ou bien l'accouchement a eu lieu depuis quelques heures ; le fœtus a disparu ; le crime est
consommé (1). L'avertissement que le médecin donnerait
en pareilles circonstances aux parents ou au maître serait-
il un délit? Ici, quelque rigoureuse que puisse paraître
la solution, nous estimons encore que le médecin serait
punissable s'il ne gardait point le secret. Son silence peut,

____

(1) Hémar. *Loc. cit.*, p. 15.

il est vrai, causer de grands malheurs. Mais qui pourrait, au moment de faire une pareille révélation, en calculer toutes les conséquences? Quel scandale dans le public si, par la délation d'un médecin, une femme comparaissait en Cour d'assises, accusée d'infanticide! Aussi là encore la discrétion absolue est préférable ; c'est dire qu'elle est obligatoire. Car la loi du secret comme toutes les lois pénales est impérative.

Cette interprétation a d'ailleurs été admise par une décision ministérielle du 4 avril 1845 : « Lorsque des officiers sont malades à la chambre, un des officiers de santé est chargé de les voir et de rendre compte de leur état au lieutenant-colonel ; le ministre de la guerre consulté sur la question de savoir si l'officier de santé doit, en rendant compte de l'état des officiers, faire connaître en même temps la nature de leur maladie, a répondu que cette obligation ne saurait être nullement imposée aux officiers de santé dont les fonctions purement médicales, d'après les règlements, se trouveraient par là dégénérer en un moyen supplémentaire de police ; en gardant le silence à ce sujet, ces officiers ne sont pas d'ailleurs mus seulement par une honorable susceptibilité, ils ne font que se soumettre aux prescriptions que la loi (art. 378) leur impose. » M. Muteau fait observer avec beaucoup de raison : « Nulle part à coup sûr la discipline hiérarchique n'est plus solidement établie que dans l'armée et je ne pense pas qu'aucune autre puisse être plus exigeante qu'elle. »

3° — La révélation cesse-t-elle d'être un délit si elle est faite pour justifier une action en paiement d'honoraires ?

L'ancienne jurisprudence se montrait fort sévère pour qui manquait au secret professionnel dans une pareille circonstance. Un apothicaire, en demandant l'argent de ses parties, avait dévoilé une mauvaise maladie de son débiteur : par acte du Parlement de Paris, du 9 juillet 1593, il fut condamné à l'amende, à tous les dépens, et ses parties furent confisquées au profit des pauvres, avec défense à tous les apothicaires de déceler les maladies. Le 8 novembre 1747, le Parlement de Rouen condamnait à six années d'interdiction, à 12 livres d'amende, à 1000 livres de dommages et intérêts et à faire publiquement amende honorable, un chirurgien qui, dans une demande d'honoraires, avait révélé qu'un dignitaire du chapitre d'Évreux était atteint d'une maladie vénérienne, indiquée sous un nom populaire, et qu'il avait voulu vainement, ensuite, en se rétractant, faire passer pour une affection scorbutique.

Le Tribunal de la Seine et la Cour de Paris ont appliqué les mêmes principes en 1864 dans l'affaire Halbrand.

Le sieur Halbrand, médecin à Paris, avait le 14 décembre 1868 par acte d'huissier fait citer en conciliation un de ses clients, le sieur N., marié depuis peu, « pour se concilier sur la demande que le requérant entend former contre lui, en payement de la somme de 300 francs, soit pour visites et soins donnés à sa belle-mère dans une maladie, soit pour consultations, opérations et soins

donnés à sa femme pour une maladie secrète, soit pour
consultations à heure fixe, opérations, cautérisations,
opérées sur lui-même, et l'avoir traité et guéri de deux
maladies syphilitiques graves contractées à des époques
différentes dans le courant des années 1862 et 1863. »

A la réception de cet acte, déposé chez son concierge,
le sieur N. voulut intenter un procès à l'huissier qui
avait instrumenté. Celui-ci déclara n'avoir fait que reproduire la note que lui avait fournie le sieur Halbrand ;
il en avait même singulièrement atténué le caractère
injurieux, en supprimant les détails de toutes les maladies, complaisament énumérées par le médecin.

Le sieur N. assigna le docteur Halbrand en police
correctionnelle pour délits de diffamation et de divulgation de secrets. Le prévenu avait été déjà condamné
comme escroc et comme faussaire. Le Tribunal de la
Seine lui fit application de l'article 378 : « attendu...
que ces faits seraient parvenus à la connaissance de
Halbrand et en sa qualité de médecin et dans l'exercice de sa profession..... que cette révélation a été faite
dans une intention de nuire et dans une pensée de
lucre..... ». La Cour confirma la décision des premiers
juges (1).

Personne n'a jamais songé à critiquer cette doctrine.
Mais si l'on suppose une demande d'honoraires loyale,
faite sans intention de nuire, qui de près ou de loin ne

____

(1) *Bulletin de la Cour de Paris*, 1864, nᵒ 260, p. 913. — *Annales d'hygiène et de médecine légale* (avril 1864).

puisse paraître un acte de chantage, faut-il encore regarder la révélation comme coupable ?

Pris entre la crainte « de frapper d'inefficacité les réclamations les plus justes » et le regret de faire plier la loi du secret devant une question de lucre, beaucoup d'auteurs ont cherché par des compromis à sauver l'honneur et l'argent. MM. Briand et Chaudé, dans leur *Manuel complet de médecine légale*, tournent ainsi la difficulté : « Le docteur auquel une légitime rémunération est refusée a le droit de porter sa demande devant les tribunaux ; mais il doit dans l'assignation se borner à indiquer la somme qu'il réclame pour soins donnés sans entrer dans le détail des maladies soignées ; sans doute les honoraires alloués devant être fixés d'après l'importance de la maladie, il peut dans certains cas être nécessaire d'éclairer les magistrats sur l'importance et la durée des maladies, sur l'importance et le nombre des opérations pratiquées. Le médecin peut alors confier ces détails à l'avocat qu'il a choisi ; il est comme lui astreint au secret, et il n'est pas à craindre que les confidences qui lui sont faites soient divulguées. Une note remise au tribunal, une explication donnée en Chambre du Conseil mettront les juges à même de statuer en connaissance de cause » (1).

Écartons tout d'abord le procédé conseillé par MM. Briand et Chaudé dans la dernière phrase du passage que nous venons de transcrire. Qu'est-ce que

______

(1) Briand et Chaudé, *Manuel complet de médecine légale*, p. 577.

cette note remise au Tribunal! Qu'est-ce que cette
explication en Chambre du Conseil? Un avocat ne saurait
remettre au juge une note qu'il n'aurait pas communiquée à ses adversaires. Les magistrats ne pourraient admettre même en Chambre du Conseil les allégations d'une
partie sans appeler l'autre à la discussion. D'ailleurs,
ces subterfuges ne serviraient à rien. Quoi qu'on fasse
il n'y a plus de secret, du moment qu'avocats et magistrats sont mis dans la confidence : toutes les précautions
du monde n'empêcheront pas que le jugement et ses
motifs ne soient rendus publics.

Quant à rendre, comme on l'a proposé, l'avoué et
l'avocat du médecin responsables des divulgations qui
ne sont pas commandées par les exigences du débat,
c'est établir peut-être un peu vite que tous les confidents
nécessaires de l'article 378 peuvent se communiquer
entre eux tous les secrets qu'on leur a confiés. S'il y a
délit, c'est quand le médecin conte à l'avocat les maladies de son client, et non quand l'avocat transmet cette
confidence au Tribunal.

Nous appliquerons encore ici la thèse du secret absolu. Lorsque M. Chaudé developpa pour la première
fois après l'affaire Halbrand la théorie que nous avons
reproduite plus haut (*Annales d'hygiène*, avril 1864), le
docteur Jeannel, professeur à l'École de médecine de
Bordeaux, protesta avec énergie contre cette doctrine (1).
Il ne développa à vrai dire que des considérations pro-

(1) *Union médicale,* 26 juillet 1864.

fessionnelles. Mais elles ont une grande valeur en droit,
puisqu'ici le but de la loi est de sanctionner dans l'intérêt public une obligation professionnelle. « *Le secret partout et toujours* », dit le docteur Jeannel. C'est là la
meilleure interprétation de la loi.

Il ne faudrait point restreindre cette règle aux seules
demandes d'honoraires faites par les médecins : on la
doit appliquer aux réclamations du même genre que
pourraient former l'avocat, l'avoué, le notaire, etc...
Ceux ci peuvent avoir présidé à des transactions où sont
réglées des questions d'honneur ou des situations déli-
cates, qu'on n'a pas voulu porter devant les tribunaux.
Il serait scandaleux que l'homme de loi, après avoir
reçu les confidences des parties, vînt, pour réclamer les
honoraires qui lui sont dus, livrer au public le secret de
ces débats et de ces conventions. Pour eux comme pour
les médecins, le devoir professionnel prime l'intérêt
particulier.

**4° — La révélation cesse-t-elle d'être un délit si le dépositaire
du secret est consulté en vue d'un mariage ?**

Cette question a donné lieu à de grandes controverses
entre les médecins. Mais il ne faut pas croire qu'elle ne
puisse intéresser que le corps médical. Le notaire,
l'avocat, l'avoué sont sans cesse consultés en vue d'un
mariage sur la fortune ou (ce qui est encore plus délicat)
sur l'honorabilité d'une famille. Ici encore, c'est une
règle générale qu'il convient de poser, et cette règle nous

la trouvons nettement exprimée dans une décision des casuistes relative au secret de la confession :

Un prêtre, qui sait, par la confession de l'un des deux futurs époux, qu'il y a un empêchement dirimant à leur union, a le devoir de les marier, s'ils le veulent malgré ses avis. Refuser son ministère en pareil cas serait violer le secret de la confession.

Cette théorie absolue nous paraît conforme à l'esprit de la loi pénale ; la nécessité de l'intention de nuire étant écartée, quelle raison juridique pourrait-on apporter à l'appui de la thèse contraire ?

Si les arguments de droit font défaut, on n'a point manqué d'invoquer force raisons de sentiment. Les partisans *du secret restreint* montrent les médecins permettant par leur silence des mariages néfastes pour la société tout entière ; et, regrettant « que le législateur n'ait pas prévu les cas où un individu aurait le droit de se reproduire », ils déclarent que le médecin peut et même parfois *doit* révéler ce qu'il sait de la santé de son client. En 1862 et 1863 des articles publiés dans *la Gazette des hôpitaux*, par le docteur Caffe, causèrent un vif émoi parmi les médecins qui se mirent à discuter la question avec beaucoup de passion, mais ils ne purent se mettre d'accord. Les sociétés médicales des divers arrondissements de Paris examinèrent le problème, mais donnèrent des avis différents. Dans le 8e et le 9e arrondissement, on fut pour *le secret absolu* ; dans le 2e et le 10e, pour *le secret restreint*. Il est inutile de rapporter

ici toute cette discussion qui ne fut rien moins que juridique ; contentons-nous de citer les conclusions pleines
de prudence de M. Lavaux (1) : « Nous nous sommes
rangé à l'opinion de ceux qui regardent le secret médical comme un dépôt inviolable ; seulement, et sous la
réserve de ce devoir impérieux, nous pensons que l'action du médecin n'en doit pas moins s'exercer de toutes
les manières pour amener son client à renoncer à un
mariage projeté, lorsque son état de santé ne lui permet
pas de se marier. Mais vouloir, comme l'ont conseillé
quelques auteurs, ériger le médecin en juge souverain
des différentes maladies qui rendent tel ou tel individu
incapable de contracter mariage, alors qu'il ne baserait
son droit de révélation que sur la confiance que lui a
donnée le malade qui est venu le consulter, ce serait
violer la loi et manquer aux devoirs de notre profession...... Serait-ce, comme dans les exemples sans cesse
cités, une exception que l'on voudrait créer contre les
sujets atteints de syphilis ? mais ce n'est pas là que con-
duirait un semblable abus du secret ; loin de frapper un
sujet syphilitique, souvent guéri au moment où il vient
chercher une jeune fille en mariage, notre indiscrétion
ne devrait elle pas bien plus souvent vouer au célibat
une pauvre jeune fille phthisique, scrofuleuse ou atteinte
de toute autre affection beaucoup plus grave que la syphilis ? Ce droit que personne ne nous a donné, ne le
prenons jamais : pensons au tort irréparable que cause-

____
(1) Lavaux, *op. cit.*

rait une seule erreur de diagnostic ». Et, plus récemment,
le docteur Dechambre s'exprimait ainsi : « C'est en opposant l'utilité publique au droit et au devoir qu'on arrive en toutes choses à la dissolution des principes tuté-
laires de la société ; en politique, à l'arbitraire ; en droit,
à l'injustice ; en morale au relâchement. N'est-ce donc
pas dans un intérêt public que la loi nous impose le
secret ? Et quand cet intérêt nuirait à d'autres, fût-ce à
de plus considérables, qui nous a constitués juges de la
différence ? qui nous a donné le pouvoir de choisir ? »
Voilà les vrais principes du secret professionnel. M. le
docteur Brouardel soutient la même opinion que MM. Lavaux et Dechambre, et il ne se laisse point fléchir par
les considérations d'intérêt social invoquées par les partisans du *secret restreint*.

D'ailleurs, nous confessons ne pas bien distinguer
comment la société est intéressée à ce que le médecin
trahisse le secret de son client pour empêcher un mariage. Sans doute la personne, qui échappera à la contagion grâce à l'indiscrétion du docteur complaisant, n'aura
qu'à s'en louer. Mais il ne s'agit alors que de l'intérêt
d'un simple particulier. On parle avec émotion des enfants qui, sortis d'un tel mariage, apporteront en nais-
sant les germes du mal héréditaire et les transmettront
à leurs descendants. Ici, il est vrai, nous apercevons un
intérêt social. Mais, pour ne pas être légitimes, les enfants qu'aura le malade, ainsi contraint de ne se pas
marier, n'en seront pas moins ses enfants, et ce n'est pas

leur état d'enfants naturels qui les mettra à l'abri de la terrible hérédité. Qu'aurait donc perdu la société au silence du médecin ? Peut-être y aurait-elle gagné que ce malade se fût fixé à un foyer et y eût trouvé la guérison, au lieu de répandre le mal autour de lui dans des liaisons passagères auxquelles le condamne l'impossibilité de se marier.

Certains ont proposé que le médecin refusât toute réponse, lorsque cette réponse serait « de nature à porter préjudice aux intérêts du client ». Un tel système est inadmissible. On saurait bien vite ce que ne pas parler veut dire.

5° — La révélation cesse-t-elle d'être un délit, lorsqu'elle est faite à la justice ?

Cette révélation pourrait avoir lieu sous trois formes différentes : dénonciation, témoignage, rapport d'expert. Il faut étudier successivement ces trois hypothèses.

§ 1. — *Dénonciation.*

Celui qui *dénonce* un crime ou un délit, dont il n'a eu connaissance qu'à raison de ses fonctions, commet-il le délit de l'article 378 ?

Ici toutes les raisons qui, déjà dans les précédentes hypothèses, nous ont fait admettre le secret absolu, gardent leur valeur. Pourquoi l'indignité de celui qui vient se confier à un avocat ou à un médecin abolirait-elle le devoir de discrétion ? Un criminel mande un avocat pour le défendre et lui avoue qu'il a commis d'autres méfaits pour lesquels il n'a pas été poursuivi ; et cet avocat, abusant de la confidence, pourrait impunément livrer au parquet les secrets de son client ! La loi a voulu que tout accusé fût défendu : c'est là une prescription illusoire, si l'accusé ne peut se confesser à son défenseur en toute confiance, s'il est exposé à trouver en lui un délateur.

On a, pour permettre de pareilles divulgations, invoqué l'article 30 du Code d'instruction criminelle :

« Toute personne qui aura été témoin d'un attentat soit contre la sûreté publique, soit contre la vie ou la propriété d'un individu, sera pareillement tenu d'en donner avis au procureur du roi soit du lieu du crime ou du délit, soit du lieu où le prévenu pourra être trouvé. »

Mais il faut observer que cet article ne parle que des personnes ayant été *témoins* d'un crime ou d'un délit, c'est-à-dire ayant surpris le coupable pendant l'accomplissement de son crime. Il ne saurait donc s'agir de *confidences reçues*. Si cette interprétation du mot *témoins* paraît étroite ou subtile, qu'on rapproche cet article de l'article 29 du même Code :

« Toute autorité constituée, tout fonctionnaire ou officier public qui, dans l'exercice de ses fonctions, *acquerra la connaissance d'un crime ou d'un délit*, sera tenu d'en donner avis sur-le-champ au procureur du roi, etc... ».

La loi distingue donc fort bien le fait d'être *témoin* de celui d'*acquérir la connaissance...* Or personne ne

conteste qu'un avocat ou un médecin, rendu par hasard
témoin d'un crime, n'ait le devoir d'en dénoncer l'auteur. Il est bien certain que la théorie du secret professionnel n'a rien à faire en pareilles circonstances.

Mais voulût-on élargir le sens de l'article 30 et imposer la dénonciation civique, non seulement à qui a *vu*,
mais aussi à qui a *connu* l'accomplissement d'un crime,
on n'aurait pas encore excusé, grâce à cet article, la
révélation du secret apportée à la justice, au mépris de
l'article 378. Cette dernière disposition n'en demeure pas
moins absolue et catégorique dans sa prohibition. Qu'est-
ce au contraire que l'article 30 du Code d'instruction
criminelle? — Une simple règle de conduite rappelée aux
citoyens. On n'y a ajouté aucune sanction pénale. Le
législateur a bien senti que le devoir de la dénonciation
pouvait souvent fléchir légitimement devant des obligations supérieures, — parmi lesquelles se place celle du
secret professionnel, obligation non seulement morale, mais même pénale. Le citoyen qui s'abstient de
dénoncer un crime n'encourt aucune peine. Le médecin
ou l'avocat, qui trahissent le secret de leur client, sont
punis de la prison et de l'amende. De ce simple rapprochement on peut conclure où est le devoir professionnel, qui se confond ici avec le devoir légal.

Les jurisconsultes ou les médecins, qui refusent d'admettre l'opinion que nous soutenons, se sont efforcés
d'imaginer les hypothèses les plus dramatiques et même
les plus mélodramatiques pour mettre en conflit l'inté-

rêt social et l'obligation du secret professionnel. M. le
docteur Brouardel, dans son ouvrage du *Secret médical*,
les a toutes examinées avec sa haute compétence. « Sous
aucun prétexte, conclut-il, nous ne devons dénoncer
notre confident même coupable. » C'est bien là la véritable interprétation de la loi pénale.

§ 2. — *Témoignage.*

Le confident nécessaire de l'article 378, qui témoigne
en justice des faits qui lui ont été confiés en raison de
la confiance attachée à ses fonctions, commet-il le délit
de révélation de secrets ?

Il ne s'agit plus ici d'une dénonciation spontanée, mais
d'une déposition provoquée. L'article 378 ne se trouve
plus en conflit avec une disposition vague et dépourvue
de toute sanction (art. 30, C. instr. cr.), mais avec un
texte impératif, contenant une pénalité bien définie,
l'article 80 du même Code :

« Toute personne citée pour être entendue en témoignage sera tenue de comparaître et de *satisfaire à la citation :* sinon elle pourra y être contrainte par le juge
d'instruction, qui, à cet effet, sur des conclusions du
Procureur du Roi, sans autre formalité, délai, et sans
appel, prononcera une amende qui n'excédera pas
100 francs et pourra ordonner que la personne citée sera
contrainte par corps à venir *donner son témoignage.* »

Cette disposition est commune aux témoins cités
devant le tribunal de simple police (art. 157), devant le

tribunal correctionnel (art. 189), et devant la Cour d'assises (art. 304).

Il est incontestable que toutes les personnes visées par l'article 378 peuvent être témoins et qu'elles ne sauraient arguer tout simplement de leur profession pour se dispenser de comparaître. « Attendu, dit un arrêt de la Cour de Douai (14 janvier 1842), que les avocats qui ont plaidé dans une précédente affaire, soit pour le prévenu soit pour la partie civilement responsable d'un crime ou d'un délit, ne peuvent, quelle que soit la relation de cette affaire avec celle dans laquelle leur témoignage est requis, le refuser et que les tribunaux correctionnels doivent les entendre, sauf à ne pas leur demander la révélation des faits qu'ils n'auraient appris qu'à titre de confidence ».

Le devoir d'un témoin peut se décomposer en trois actes : 1° comparution, 2° serment, 3° déposition. Il faut étudier et discuter quelle devra être dans chacune de ces trois phases l'attitude du confident interrogé sur des faits que l'article 378 lui interdit de révéler.

A. Comparution.

Aucune loi ne dispense le médecin, l'avocat, etc… de comparaître soit devant le juge d'instruction, soit devant le tribunal, soit devant la Cour. Telle était l'ancienne jurisprudence et telle est aussi la moderne. Il est bien évident qu'au reçu de la citation, le témoin, qu'elle appelle à déposer, ignore au juste sur quels faits il sera interrogé. Il devra donc se présenter en personne et examiner si les questions qui lui sont posées touchent à des secrets, couverts par le devoir professionnel. Il ne peut, soit par écrit, soit par l'intermédiaire d'un fondé de pouvoir spécial, refuser de déposer.

B. Serment.

Ayant comparu comme tout autre témoin, le confident nécessaire devra prêter serment, comme il est dit aux articles 75, 155, 189 et 317 du Code d'instruction criminelle. La Cour d'assises de Rouen, le 9 juin 1825, dispensa un avocat non seulement de déposer mais même de prêter serment. Mais cette décision ne fut pas suivie par la jurisprudence dont la doctrine ordinaire se trouve très nettement exposée dans un arrêt rendu par la Cour d'assises de la Seine, le 10 avril 1877 : « Considérant..... qu'aucune loi ne dispense les médecins de comparaître comme témoins devant la justice et d'y prêter le serment prescrit ; — qu'en leur interdisant la révélation des secrets qui leur ont été confiés dans l'exercice de leur profession, l'article 378 du Code pénal n'a pas dit qu'ils ne seraient pas appelés en témoignage ; — qu'en effet ils peuvent être invités à s'expliquer sur des faits qui ne soient pas couverts par le secret professionnel, et que c'est seulement quand les questions leur sont posées qu'il leur appartient de déclarer s'il leur est ou non possible d'y répondre ; — considérant que le témoin qui refuse de prêter serment doit être considéré comme

défaillant ; — vu l'article 80 du Code d'instruction criminelle, condamne ledit docteur B. à cent francs d'a-
mende (1) ».

Cet arrêt tranche une autre question sur laquelle les
auteurs ne sont point d'accord. M. Faustin Hélie (*Instr.
crim.*, IV, n° 1857) prétend qu'avant de prêter serment,
le confident nécessaire doit déclarer les réserves qu'il
apportera à sa déposition ; la déclaration faite après
serment prêté serait, à son avis, évidemment tardive.
« Le témoin ne peut, sans violer la religion de ce serment, restreindre la disposition ou celer tout ou partie
de la vérité... Il est acquis à l'instruction ». M. Faustin
Hélie invoque à l'appui de son opinion un arrêt de la
Cour de cassation du 20 janvier 1826 (affaire Sourbé),
décidant « que l'avocat, qui avant de prêter serment
annonce au tribunal qu'il ne se considère point comme
obligé par ce serment à déclarer comme témoin ce qu'il
ne sait que comme avocat, *satisfait pleinement le vœu
de la loi* (2) ».

M. Hémar juge cette doctrine trop rigoureuse. Il fait
remarquer que le témoin ne trouve pas dans la citation
l'indication complète des faits sur lesquels son témoignage est requis. « Le développement de la procédure
peut le conduire au delà de ses prévisions sur le terrain
des faits confidentiels. Serait-il juste de lui interdire
alors, en vertu de son serment, l'observation d'un devoir

(1) D. P. 78. 5. 442.
(2) Dalloz, *Rép.* V° *Avocat*, 303.

d'honneur et de conscience ? Nous ne le pensons pas (1) ».
La Cour d'assises de la Seine en décidant « que c'est
seulement quand les questions sont posées aux médecins qu'il leur appartient de déclarer s'il leur est ou non
possible d'y répondre » a donné raison à M. Hémar.

L'opinion de M. Faustin Hélie est tout entière fondée
sur cette idée que nous avons déjà combattue : les confidents nécessaires sont *dispensés* de déposer par un *pri-*
vilège spécial à leurs fonctions, Mais, encore une fois, ce
n'est point dans leur intérêt qu'ils doivent refuser leur
témoignage, c'est dans un intérêt général garanti et sauvegardé par l'article 378. La loi, où est écrite cette restriction, leur commande de prêter serment ; le serment
prêté, la restriction subsiste.

Le confident nécessaire de l'article 378 peut donc,
avant de prêter serment, se réserver la faculté de ne pas
répondre. Mais s'il a omis alors de prendre cette précaution, il peut encore affirmer son devoir au cours de
sa déposition.

C'est ce qu'a formellement décidé la Cour de cassation
dans un arrêt du 18 août 1882 (2) :

« Attendu que le témoin lié par le secret professionnel peut, *soit avant soit après la prestation de serment*, et
en obéissant à ce dont la conscience lui fait un devoir,
se refuser à faire connaître des faits sur lesquels il ne
lui est pas permis de s'expliquer ; — attendu au surplus

(1) Hémar, *op. cit.*, p. 44.
(2) D. P. 83. 1. 46.

qu'il ne peut connaître par avance les questions qui pourront lui être adressées dont quelques-unes peuvent s'appliquer à des faits n'ayant pas un caractère confidentiel et à raison desquels il peut éclairer la justice, ce qui notamment a eu lieu en l'espèce ; — qu'il ne peut donc résulter du refus, fait par le témoin après sa prestation de serment, de s'expliquer sur des faits dont il n'avait connaissance qu'en sa qualité de magistrat, et lors des délibérations auxquelles il avait pris part, une violation de l'article 80 du Code d'Instruction criminelle ni une fausse application de l'article 378 du Code pénal ».

Dans quels termes sera présentée cette déclaration, — qu'elle intervienne au début ou au milieu de la déposition ? On a proposé diverses formules :

La Cour d'assises de Rouen, 9 juin 1825 (affaire Bertran), admet un avocat à ne pas déposer « *sur ce motif que les faits qui sont venus à sa connaissance et qui se rattachent au procès ne lui ont été connus que par suite de ses relations confidentielles tant avec son client qu'avec l'accusé* ».

La Cour de cassation (aff. Sourbé), le 20 janvier 1826, indique dans son arrêt la formule suivante : « l'avocat peut annoncer au Tribunal *qu'il ne se considérera pas comme obligé par ce serment à déclarer comme témoin ce qu'il ne sait que comme avocat* ».

En 1853, M. le docteur Cazeaux refusa de témoigner sur des faits qu'il avait connus comme médecin. Condamné par le juge d'instruction, il porta la question devant l'Association des médecins de Paris « pour maintenir l'inviolabilité du secret professionnel ». Après délibération, l'Association s'arrêta à la réponse suivante : « *Je considère comme confidentiels les rapports qui ont amené à ma connaissance les faits sur lesquels vous m'interrogez ; je ne puis donc répondre à votre question* ». Cette réponse fut agréée par le ministère public : M. Cazeaux ne fut pas poursuivi.

La formule acceptée par la Cour de cassation dans l'affaire Sourbé a l'avantage d'être la plus courte et de ne rien laisser percer du secret du médecin ; elle est conforme à celle que les casuistes conseillent au confesseur : « Un confesseur est interrogé par un juge; que doit-il répondre ? — Qu'il est confesseur et qu'il n'a rien à dire ». Enfin elle prouve le respect du confident nécessaire pour la loi et le montre prêt à déposer *comme témoin*. Carnot (Code pénal, II, p. 208) conseille aussi une pareille réponse.

Par malheur, la jurisprudence a introduit, sans les jamais justifier, des distinctions singulières entre les diverses sortes de confidents nécessaires. La réponse, bonne pour les avocats, serait sans doute trouvée mauvaise pour les médecins, si l'on s'en rapporte à l'arrêt rendu dans l'affaire Saint-Pair par la Cour de cassation, où on lit : « Il ne suffit pas à celui qui exerce une de ces professions, pour se refuser à déposer, d'alléguer que c'est dans l'exercice de sa profession que le fait sur lequel sa déposition est requise est venu à sa connaissance ».

Dans l'état de la jurisprudence, la réponse délibérée
par l'Association des médecins est donc la meilleure, —
du moins pour les médecins ; car la plus simple, en toute
occasion, serait encore celle qu'accepta l'arrêt de la Cour
de cassation du 18 août 1882 pour un magistrat : « qu'il
ne pouvait répondre aux questions posées sans manquer
à l'obligation du secret professionnel ».

C. Déposition.

En examinant les diverses formules, par lesquelles le
témoin peut se prévaloir devant les tribunaux de la
prohibition de l'article 378, nous avons quelque peu
déjà empiété sur la déposition elle-même. Il nous faut y
revenir pour établir que là, comme partout ailleurs, le
silence n'est pas une *faculté* mais une *obligation* pour le
confident nécessaire.

M. Legraverend (1) a soutenu qu'il n'y avait pas de
secret professionnel devant les tribunaux : « La société
tout entière, dit-il, est intéressée à la punition des
crimes et des délits. La loi défend de faire des actes con-
traires aux mœurs et les frappe de nullité ; à plus forte
raison défend-elle de faire des actes criminels. Il ne peut
donc être permis à qui que ce soit, avocat, avoué, notaire,
de prêter son ministère à de pareils actes ; il ne peut lui
être permis de se taire lorsqu'il est interrogé par la justice sur des actes de cette espèce ou sur des actes illi-
cites qui ont pour objet de couvrir d'un voile des faits

____

(1) Legraverend, *Législation criminelle*, I, p. 157.

criminels aux yeux de la loi. Il doit donc déclarer tout ce qu'il sait ; il doit être mis par des interpellations précises dans la nécessité de répondre catégoriquement sur les faits qu'il importe d'éclairer et d'approfondir ; et s'il refuse de dire la vérité, toute la vérité, on doit user contre lui des voies de droit que la loi a mises en pareil cas à la disposition de ses ministres ».

Comme on le voit, l'article 378 n'embarrasse guère M. Legraverend. Par malheur, toute cette argumentation pourrait aussi bien servir à démontrer la thèse inverse, car *la société tout entière est intéressée* à l'inviolabilité du secret professionnel. La loi défend de commettre un délit ; la révélation est bel et bien un délit ; donc *il ne peut être permis à qui que ce soit, avocat, avoué, notaire*, de livrer à la justice les secrets de ses clients. Deux devoirs sont ici en conflit ; M. Legraverend supprime l'un d'eux sans plus de raison : c'est un moyen trop simple de trancher la question. Lorsqu'il proclame qu'un notaire, un avocat, un avoué ne peuvent prêter leur ministère à des actes criminels, qu'entend-il par « prêter leur ministère » ? Veut-il dire qu'un notaire ne doit pas aider un escroc dans ses escroqueries, ni un médecin un assassin dans ses assassinats ? Nous le lui accorderons volontiers ; mais il ne s'agit plus de secret professionnel. Veut-il dire qu'un avocat ne doit jamais plaider que pour les honnêtes gens et un prêtre ne confesser que les saints ? Le paradoxe eût alors mérité d'être moins écourté.

M. Hémar (1) a réfuté la thèse de M. Legraverend en ces termes : « Porter jusqu'à ses dernières limites le droit de punir, exiger en son nom la violation des confidences les plus intimes, tout immoler en vue de l'expiation, c'est enlever du même coup leur sûreté et leur dignité à ces relations qui unissent le client à l'avocat, le malade au médecin et le pénitent au confesseur, et qui, elles aussi, touchent à l'ordre public. La punition de quelques criminels ne compense pas un si grand sacrifice ».

Rappelons, en passant, une théorie de M. Rauter qui, comme M. Legraverend, rend la révélation toujours obligatoire devant les tribunaux, n'établissant de dispense que pour les confesseurs en vertu de la loi du 18 germinal an X qui assure la libre pratique du culte catholique, et pour les avocats en vertu de l'ordonnance du 20 novembre 1822. Il convient de s'arrêter plus longuement à la théorie du secret facultatif qui est celle de la jurisprudence et d'un très grand nombre de criminalistes.

M. Faustin Hélie, qui a développé et défendu cette doctrine dans son *Traité d'instruction criminelle,* l'a, un jour, fortement résumée devant la Cour de cassation. Il s'exprimait ainsi dans son rapport (aff. Lamarre, 10 juin 1853) (2) : « Il y a lieu de remarquer que cet article (378) se borne à punir les révélations indiscrètes commises par les dépositaires, et qu'il ne s'applique pas dès lors aux

(1) Hémar, *op. cit.,* p. 37.
(2) D. P. 53. 1. 205.

déclarations qui sont provoquées par la justice elle-même.
Si le devoir particulier de certaines professions est de
garder le silence sur les faits appris dans leur exercice,
le devoir général de tous les citoyens est de révéler les
faits qu'ils connaissent, lorsqu'ils sont entendus comme
témoins et que, dans un intérêt public, leurs dépositions
sont jugées nécessaires à la découverte de la vérité.
Cependant un intérêt non moins élevé que la justice
elle-même s'oppose à ce qu'en certains cas le dépositaire d'un secret par profession, cité comme témoin, le
révèle à la justice. Cet intérêt est celui de l'humanité,
lorsqu'il s'agit d'un médecin qui a donné ses soins à un
prévenu, de la religion, lorsqu'il s'agit du prêtre qui a
reçu sa confession ; de la défense même, lorsqu'il s'agit
de l'avocat auquel il a confié sa situation ». Et après
avoir rappelé les arrêts antérieurs de la Cour de cassation, M. Faustin Hélie ajoutait : « Toutes ces décisions
ne sont pas fondées sur ce que l'article 378 punit les
révélations, car il ne peut y avoir de délit que lorsque les
révélations sont le résultat de la légèreté ou de l'intention de nuire..... C'est une limite posée au droit du juge ;
mais cette limite, ce n'est pas la loi, c'est la nature même
des choses qui l'a faite..... Ce n'est point un privilège,
c'est la conséquence nécessaire des rapports de la profession avec les citoyens ».

Dans ce système, il n'est plus question de l'article 378 :
on le met hors de cause. Ce n'est point le Code pénal,
c'est seulement la loi morale qui impose la discrétion au

confident nécessaire appelé en témoignage. S'il y manque,
il n'encourt aucune peine : c'est bien là ce qu'en Droit
on peut appeler la *révélation facultative*.

Pour écarter l'article 378, on a donné deux raisons :
1° la révélation faite en justice est faite sans intention
de nuire ; 2° elle n'est point spontanée.

Quant à l'intention de nuire, nous nous sommes suffisamment expliqué à ce sujet : pour qu'il y ait délit, il
suffit, avons-nous dit, que le révélateur ait conscience
qu'il viole la loi. Telle est d'ailleurs la plus récente jurisprudence de la Cour de cassation. L'article 378 n'ayant
fait aucune exception en faveur des dépositions judiciaires, le confident nécessaire, qui révèle à la justice
les secrets qu'on lui a confiés, sait qu'il commet une infraction ; donc il est punissable.

Mais on va plus loin et l'on soutient qu'en pareil cas
non seulement la révélation a été faite dans une pensée
innocente, mais qu'elle n'a pas été libre : le témoin interpellé ne peut désobéir à la justice ; la loi lui commande-
rait-elle formellement le silence, il ne saurait être poursuivi pour des divulgations faites sur l'ordre du magistrat.

Cette doctrine, remarquons-le, permettrait encore
d'appliquer l'article 378 à toutes les dépositions *spon-
tanées*. Il n'y aurait rémission que pour les réponses
sollicitées. Celles-ci devraient être bien rares, puisque
la loi veut que les témoins soient *entendus* et non *interrogés*. D'Aguesseau cependant se faisait déjà peut-être
quelqu'illusion, lorsque dans un de ses plaidoyers il di-

sait : « On reproche au juge d'avoir interrogé les témoins
au lieu de recevoir simplement leur déposition ; *mais il
n'y a pas un bon juge qui le fasse* ». Aujourd'hui à coup
sûr d'Aguesseau trouverait plus d'un bon juge pour gouverner les procès de la sorte. D'ailleurs la timidité, la
sottise ou le mauvais vouloir des témoins forcent souvent le magistrat à des interpellations directes.

On se figure mal qu'un juge, chargé de faire respecter la loi, puisse sommer un témoin de répondre sur
des faits que la loi elle-même a voulu protéger contre
l'indiscrétion. Mais admettons encore cette hypothèse.
L'ordre de la justice excusera-t-elle le confident d'avoir
trahi son secret ? L'article 64 du Code pénal est ainsi
conçu : « Il n'y a ni crime ni délit, lorsque le prévenu
était en état de démence au moment de l'action, ou lorsqu'il a été contraint par une force à laquelle il n'a pu
résister. » Par force irrésistible, il faut entendre, selon
M. Duverger, la volonté de la loi ou de l'autorité légitime ou une force majeure. La crainte révérentielle ne
suffit pas. Or ce n'est pas la loi qui contraint ici le témoin
à parler, puisqu'on l'a reconnu maître de garder le silence. Peut-on dire que l'autorité du magistrat soit légitime quand il cherche à provoquer une violation de la
loi ? Car l'hésitation n'est pas possible ; si étroite que
soit l'interprétation donnée à l'article 378, il n'en demeure
pas moins acquis (la jurisprudence est sur ce point formelle) que le témoin est au moins *libre de se taire*. On
ne découvrirait donc ici qu'une *crainte révérentielle*, in-

suffisante pour enlever à la révélation du secret son caractère de délit.

Si les partisans de la révélation *facultative* ne veulent
pas admettre que l'article 378 et ses pénalités soient applicables dans les débats judiciaires, il leur faut pourtant justifier cette dispense de déposer qu'ils créent en
faveur de certaines professions. Ils repoussent la thèse
de M. Rauter qui, tout en laissant ce privilège aux confesseurs et aux avocats, le refuse aux médecins et peut-
être aux notaires : car leur doctrine est générale. Mais
ils déclarent que si certaines personnes peuvent se dérober aux prescriptions formelles de l'article 80 (C. instr.
cr.), c'est « à cause de la nature des choses… » ; c'est « la
conséquence nécessaire des rapports de la profession
avec les citoyens » ; bref, ils invoquent l'intérêt public.
Ils en arrivent ainsi à faire fléchir une disposition formelle du Code devant des considérations vagues et
générales, plutôt que d'admettre que l'article 378 apporte
une dérogation légale au principe de l'article 80, — dérogation qui, elle aussi, est justifiée par l'intérêt public.

Toutes ces raisons de sentiment qu'on invoque pour
dispenser en certains cas le témoin de déposer sont très
respectables. Mais, en droit, elles ne sont pas sérieuses.
Comment peut-on, sans s'appuyer sur le moindre texte,
— puisqu'on repousse celui du Code pénal, — proclamer que telles personnes déposeront, si elles le veulent
bien, et violeront, si elles n'y voient pas d'inconvénient,
une des plus importantes dispositions du Code d'ins-

truction criminelle ? (Nous reviendrons sur cette question, en signalant les contradictions de la jurisprudence relative aux employés de la poste. Ou bien il faut, comme l'a fait M. Legraverend, tenir l'article 378 comme non avenu devant les tribunaux et forcer qui que ce soit à livrer tous ses secrets à la justice ; ou bien il faut reconnaître que cet article a une portée générale et qu'il atteint les divulgations partout où elles se produisent, même à la barre des témoins. Entre ces deux opinions qui ont l'une et l'autre le mérite de la logique, la doctrine intermédiaire de la révélation *facultative* arrive à violer à la fois et l'article 80 du Code d'instruction criminelle et l'article 378 du Code pénal.

Fidèles à la théorie du secret absolu, nous nous rallions ici encore aux conclusions de M. Muteau. Nous nous en tenons simplement au texte de l'article 378.

La jurisprudence, prise dans son ensemble, paraît contraire à cette opinion. Cependant on peut trouver dans quelques décisions l'embryon de la thèse du *secret absolu*. Le 8 avril 1851, la Cour de Paris a reconnu qu'un avoué, ayant refusé de déposer sur des faits confidentiels, « avait usé d'un droit et *même rempli un devoir* ». Dans un arrêt du 18 août 1882, la Cour de cassation admet qu'un magistrat avait le droit et même le *devoir* de refuser toute explication. A notre gré, le mot *devoir* est encore trop vague. C'est une *obligation légale* que nous prétendons imposer au confident nécessaire, même appelé en témoignage.

Lors de l'affaire Mallet (16 septembre 1843), dont nous parlerons plus loin, une consultation fut rédigée par MM. Boulanger, Chaix d'Est Ange, Marie, Duvergier, Ledru Rollin. Ces avocats illustres exposèrent avec une grande autorité la thèse du secret absolu : « Plus on réfléchit sur la portée morale qui a dicté l'article 378, plus on demeure convaincu que l'obligation du secret, pour remplir complètement son but, doit être absolue, sans limites. Qui ne sent en effet que du jour où une doctrine plus facile serait admise, du jour où il serait dit et proclamé que des révélations, fussent-elles même ordonnées par la loi, peuvent mettre à nu les plaies les plus cachées et initier le public à des confidences qu'une nécessité impérieuse aurait seule arrachée à la douleur, l'exercice de la médecine perdrait ce caractère sacré que chacun a besoin de lui savoir et de lui connaître ? » Ce qui est dit ici de la médecine peut et doit être appliqué à toutes les professions comprises dans l'article 378.

Le confident nécessaire, qui répondra aux interpellations du magistrat sur des faits couverts par le secret professionnel, commettra donc un délit. Mais qu'adviendra-t-il de sa déposition ? Sera-t-elle annulée ?

Il est bien certain qu'une pareille sanction paraît être dans la logique des choses. Mais ici nous nous trouvons en face d'un principe de Droit qu'on ne peut ni violer ni tourner : « les nullités ne se présument pas ». De ce qu'un acte est prohibé, il ne s'ensuit pas qu'il doive être annulé, si la défense a été éludée. Une disposition expresse de la loi est nécessaire : on ne peut vraiment la trouver dans l'article 378.

Nous n'accueillerons certes pas les raisons que les auteurs et la jurisprudence ont prétendu donner de cette doctrine : ce n'est pas parce que les confidents nécessaires jouissent d'une « dispense », d'un « privilège » que nous repoussons la nullité des dépositions faites au mépris de l'article 378. Nous avons en effet cherché à établir qu'il n'y a en pareille matière ni dispense ni privilège. Mais nous nous arrêtons devant le silence de la loi, et nous nous refusons à chercher dans des dispositions pénales des règles de procédure. L'arrêt de la Cour de cassation du 18 août 1882 (déjà plusieurs fois cité) a traité cette question de la nullité : « Attendu que si certains témoins ont cru devoir s'expliquer sur des faits qu'ils auraient pu se *dispenser* de faire connaître, en invoquant le secret professionnel et les *prérogatives* qui en étaient les conséquences, il ne peut en résulter une nullité ». Sans en approuver les motifs, nous croyons la décision vraiment juridique.

Nous résoudrons d'une manière analogue une question qui s'est posée pour la première fois en 1888 devant la Cour de cassation de Belgique. L'article 283 du Code de procédure civile est-il applicable aux personnes qui sont soumises au secret professionnel ? La partie, contre laquelle ces personnes sont appelées en témoignage, peut-elle les reprocher ?

Là Cour de cassation de Belgique (arrêt du 22 mars 1888) a répondu par la négative (1).

Elle a jugé que « l'article 283 du Code de procédure civile contenant l'énumération des personnes reprochables, qu'il soit entendu dans un sens limitatif ou dans un sens énonciatif, n'est pas applicable aux personnes soumises au secret professionnel ; que ces personnes sont seules juges, sous le contrôle du tribunal, du point de savoir si elles doivent parler, et, en cas de doute, l'intérêt de la partie qui s'oppose à leur audition est suffisamment sauvegardé par l'intervention du juge chargé de statuer sur la contestation ».

En somme, la Cour de cassation de Belgique ne refuse à la partie le droit de reprocher les personnes astreintes au secret professionnel que parce qu'elle considère que le devoir de discrétion est facultatif ; elle estime que le *contrôle* du Tribunal est une sauvegarde suffisante. Une pareille raison ne saurait être la nôtre, puisque nous soutenons la thèse du *secret obligatoire* et que, au lieu du *contrôle* du Tribunal, nous donnons comme sauvegarde aux intérêts particuliers l'article 378 du Code pénal.

Nous pensons néanmoins qu'on ne peut reprocher les personnes visées par l'article 378, parce que la loi du secret ne les dispense, ni de comparaître, ni de prêter serment, ni même de déposer. Cette loi ne fait que *res-*

____

(1) D. P. 89. 2. 196.

treindre leur déposition. On ne peut donc y trouver un motif suffisant pour reprocher un témoin, c'est-à-dire l'écarter de l'audience.

Il est bien certain que si l'on admet, comme le veulent certains auteurs, que l'article 283 du Code de procédure civile contient une énumération *limitative,* la question ne se pose même pas.

§ 3. — *Expertise.*

Il peut arriver qu'une des personnes visées par l'article 378 soit chargée par la justice d'une expertise sur des faits qu'elle a le devoir de ne pas révéler. Quelle conduite tiendra-t-elle en pareille circonstance?

La jurisprudence rend obligatoires les fonctions d'expert. Quiconque refuse son concours à la justice, sans faire agréer de légitimes motifs d'excuse, est passible des pénalités de l'article 475 (§ 12) du Code pénal, ou de celles de l'article 80 du Code d'instruction criminelle.

Cette doctrine est contraire à l'obligation du secret professionnel. Un médecin, commis à l'examen d'un prévenu, qui s'est auparavant confié à lui, pourra nuire à son client, même en faisant agréer de légitimes motifs d'excuse. Quand il exposera ces motifs, ses paroles prêteront forcément aux déductions du ministère public. S'il accepte l'expertise, le secret est compromis.

En cas d'expertise, il faudra donc appliquer les mêmes principes qu'en cas de témoignage et revenir encore une fois au texte de l'article 378. Le médecin *doit* refuser son concours si on l'expose à violer ainsi le secret professionnel.

Quand il s'agissait de la déposition du témoin, on pouvait alléguer contre notre opinion un article du Code, spécial aux témoins. Pour imposer les fonctions d'expert à qui les refuse, on ne peut que fournir des arguments d'analogie.

L'article 80 du Code d'instruction criminelle peut-il être étendu des témoins défaillants aux experts récalcitrants ? La question est controversée. Mais elle nous paraît ici de peu d'intérêt. Car eût-on prouvé que cette extension donnée à l'article 80 fût tout à fait légitime, nous n'en appliquerions pas moins au médecin expert la règle que nous imposions au médecin témoin.

6°. — Complicité.

Les règles de la complicité seront les mêmes pour le délit de révélation de secrets que pour tout autre délit. Ainsi l'a jugé la Cour de cassation dans un arrêt du 9 juillet 1886 (1).

« Celui qui en connaissance de cause se ferait l'écho des indiscrétions d'un médecin, notamment le journaliste qui lui prêterait sa publicité, pourrait être poursuivi comme complice » (2).

---

(1) D. P. 86. 1. 475.

(2) *Droit médical ou Code des médecins,* par MM. Alfred Lechopié et le Dʳ Ch. Floquet, 1890.

Ce sont là des observations si simples et si incontestables qu'il nous paraît inutile d'y insister.

Avant de passer en revue les diverses professions auxquelles la loi a imposé l'obligation du secret, il est utile de résumer les idées générales que nous nous sommes efforcé de défendre dans ces deux premiers chapitres. Car c'est en les appliquant que nous résoudrons les questions de pratique, spéciales à chacune des professions que nous devons examiner.

I. — Les mêmes règles doivent être appliquées à toutes les professions comprises dans l'article 378.

II. — L'article 378 est en Droit la seule raison d'être du secret professionnel.

III. — Sont légalement *secrets* tous les faits qu'un confident *nécessaire* n'a appris qu'à cause de la confiance attachée à sa profession.

IV. — L'intention de nuire n'est pas nécessaire pour qu'il y ait délit de révélation de secrets.

V. — Personne ne peut affranchir le confident *nécessaire* de l'obligation du secret.

VI. — Aucun article du Code d'instruction criminelle ne restreint la portée générale de l'article 378.

CHAPITRE III

DES PROFESSIONS AUXQUELLES S'APPLIQUE L'ARTICLE 378.

Parmi les professions auxquelles s'applique l'article 378 du Code pénal, les unes sont énoncées dans le texte : *médecins, chirurgiens et autres officiers de santé, pharmaciens, sages-femmes ;* les autres sont comprises dans la formule générale : *toutes autres personnes dépositaires par état ou profession des secrets qu'on leur confie.*

I. — DES PROFESSIONS ÉNONCÉES DANS L'ARTICLE 378.

Les confidents nécessaires dont une mention expresse est faite dans le Code pénal sont au nombre de trois : 1° le médecin (les mêmes règles s'appliquent sans conteste au chirurgien et à l'officier de santé ; il n'y a ni en Droit, ni en pratique, aucune raison d'établir entre eux des distinctions, quant au secret professionnel) ; 2° le pharmacien ; 3° la sage-femme. Nous traiterons des questions qui peuvent intéresser les sages-femmes au cours de notre étude sur les médecins ; car leurs devoirs sont les mêmes, en cas d'accouchement. Pour les pharmaciens, au contraire, il y a quelques situations spéciales à prévoir.

§ 1. — *Médecins, chirurgiens, officiers de santé, sages-femmes.*

La nécessité du secret médical n'a pas besoin d'être démontrée. La discrétion a toujours été un des devoirs de la profession. Le médecin, pour exercer son art, a besoin de pénétrer dans la vie intime de chacun. Cette inquisition, personne ne la voudrait supporter même au risque de compromettre sa santé, si l'on n'était d'avance assuré que le médecin gardera un éternel silence sur ce qu'il aura appris.

Le serment d'Hippocrate imposait ce devoir de la façon la plus stricte aux médecins : « *Quæcumque vero inter curandum videro aut audiero, imo etiam ad medicandum non adhibitus, in communi hominum vita cognovero, ea si quidem effari non contulerit, tacebo et tanquam arcana apud me continebo* ». Ce serment était jadis répété dans les écoles, inscrit dans les thèses : « c'était un des titres d'honneur de la profession ».

La Faculté de Paris imposa le même devoir aux médecins dans l'article 19 de la réformation de ses statuts en 1600 : *ægrorum arcana, visa, audita, intellecta eliminet nemo.* Toutefois il n'était pas interdit aux médecins de révéler les indices des crimes qu'ils avaient découverts. Nous étudierons plus loin l'ordonnance de 1666, et nous verrons quelles graves restrictions elle avait apportées au devoir du secret.

La discrétion était en général fidèlement observée par les médecins d'autrefois. Longtemps les médecins avaient été des prêtres ou des religieux ; le secret médical leur était imposé comme celui de la religion. Verdier (*Jurisprudence de la médecine en France*) nous a laissé un grand nombre des décisions des casuistes sur le secret que doit garder le médecin ; ils appliquaient ce précepte qui est celui de la confession : *sunt arcana verba quæ non licet homini loqui ;* ils prononçaient unanimement « que tous ceux qui sont consultés en qualité de médecins, chirurgiens, apothicaires et sages-femmes ne peuvent et ne doivent révéler ce qui leur est confié », parce que, disaient-ils, « le préjudice que le public et la religion en souffriraient et les troubles qui en seraient la suite seraient d'une considération à laquelle toute autre doit céder ». On trouve étudiés et résolus dans les œuvres des casuistes tous les problèmes que nous avons examinés ici-même : consultations au cas de mariage, demandes d'honoraires, témoignage en justice, etc... En général, les opinions des casuistes sont plus favorables au secret que celles des jurisconsultes et des tribunaux. Nous avons pourtant cité plus haut deux décisions, l'une du Parlement de Paris et l'autre du Parlement de Rouen, qui prouvent bien que le délit de révélation indiscrète était parfois réprimé avec sévérité. Quant à la dispense de témoigner en justice, il y eut toujours quelques incertitudes à ce sujet dans l'ancienne jurisdence.

Depuis la promulgation du Code pénal, toutes ces indécisions de doctrine auraient dû disparaître. Nous avons vu que la jurisprudence moderne, embarrassée par les traditions de l'ancien Droit, effrayée par les conséquences parfois rigoureuses de l'article 378, a continué un système de distinctions arbitraires et d'indulgence sentimentale, que contredit la lettre de la loi. Nous ne rentrerons pas dans cette discussion ; il faut ici appliquer les règles générales que nous avons cherché à établir, et qui peuvent se résumer en deux mots : le secret *partout et toujours.*

Examinons quelques hypothèses, spéciales aux médecins, où l'on a prétendu faire fléchir l'obligation du secret professionnel, soit devant certains textes de législation pénale ou civile, soit devant certaines considérations d'utilité publique.

A. Édit de 1666 et ordonnance de 1832.

La Fronde vaincue et les partis désarmés, la royauté se trouve en face des troubles et des abus que laisse derrière elle une guerre civile. A Paris, il n'y a plus de sûreté pour les honnêtes gens ; sans cesse ont lieu des attaques à main armée, en plein jour, en pleine rue. Laquais et pages assassinent les passants. Au mois de janvier 1654 les carrosses du duc d'Épernon et du sieur de Tilladet s'étant entreheurtés, les gens du duc d'Épernon tuent le sieur de Tilladet, descendu au secours de ses domestiques. L'année suivante on interdit aux laquais de porter des armes sous peine de mort. Mais le nombre des meurtres n'en est pas diminué. (*Registres du Par-*

lement : 9 février et 21 février 1657, 1er avril 1659, etc...).
A la valetaille se joignent, pour infester les rues de Paris,
les soldats du régiment des gardes, tous les vagabonds
et mendiants qui s'abattent sur une ville sans police.
On se bat et on s'égorge jusque dans les couloirs du
Palais. Lorsque le Parlement, assailli de plaintes et de
doléances, fait mander devant lui les officiers du Châtelet,
on lui apporte toujours la même réponse : il est impossible d'empêcher les crimes à cause du peu de gages des
archers « qui ne sont que de trois sous et demi par jour
comme du temps du roi Jean, lesquels encore n'étaient
pas entièrement payés ». (*Registres du Parlement*, 9 février 1657 et 5 octobre 1658.)

La situation était si grave, les crimes se multipliaient
tellement qu'il fallait prendre des mesures énergiques
pour l'arrestation des coupables. On avait déjà ordonné
des perquisitions dans les hôtels des « princes, seigneurs
et autres personnes », qui souvent recelaient des malfaiteurs. Le substitut du procureur du roi avait été jeté à
la porte de l'hôtel de Soissons où il venait rechercher
un criminel. Omer Talon, au nom du Parlement, avait
adressé au roi une remontrance très énergique. On con-
traignit les nobles à ne plus s'arroger le droit d'offrir
asile à tout venant. (*Registres du Parlement,* 21 et 25
juin 1657.)

Pour mettre fin à tous ces attentats, Louis XIV ré-
solut de donner une organisation nouvelle à la police de
Paris. « Il établit un conseil exprès pour entrer dans le

détail de toutes ses parties. Ce conseil fut composé de M. le chancelier, de M. le maréchal de Villeroy et de MM. Colbert, Dalgère, de Lezeau, de Machault, de Sève, Menardeau, de Morangis, Ponut, Baucherat, de la Marguerie, Pussort, Voisin, Hotman et Marin. Les séances commencèrent le jeudy 28 octobre 1666, et continuèrent toutes les semaines quelquefois plusieurs jours, jusqu'au 10 février 1667. Ce fut dans ce conseil et ensuyte de ses délibérations que le Roy forma tous ses grands desseins pour la police de Paris » (1).

Pour rendre plus facile la tâche de la police, on pensa à lui donner pour auxiliaires les chirurgiens de la ville. De là dans l'édit de 1666 « qui confirme le règlement sur le nettoiement des boues, la sûreté de Paris et autres villes », les dispositions suivantes, relatives aux chirurgiens et aux infirmiers ou administrateurs des hôpitaux.

« Et à l'égard des maîtres chirurgiens, ils seront tenus de tenir boutiques ouvertes, à peine de 200 livres d'amende pour la première fois ; et en cas de récidive, de l'interdiction de la maîtrise pendant un an ; et pour la troisième, de la privation de leur maîtrise. Seront tenus lesdits chirurgiens de déclarer au commissaire du quartier les blessés qu'ils auront pansés chez eux ou ailleurs pour en être fait par ledit commissaire son rapport à la police ; de quoi faire lesdits chirurgiens seront tenus sous les mêmes peines que dessus : ce qui sera pareillement observé à l'égard des hôpitaux dont l'infirmier ou admi-

____

(1) Delamare, *Traité de la police*, I, p. 143.

nistrateur qui a les soins des malades fera déclaration au commissaire du quartier ».

C'était là une violation flagrante du secret médical. Mais il faut remarquer que l'édit de 1666 ne s'adressait pas aux médecins, dont la profession était déjà très redoutée et assez honorée. On ne demandait ces révélations qu'aux chirurgiens et aux administrateurs des hôpitaux. Personne ne put alors trouver mauvais qu'on chargeât les chirurgiens de cette fonction de police, tant leur métier était méprisé : chirurgiens et barbiers ne faisaient qu'une seule corporation, par lettres patentes d'août 1613. (Ce discrédit pesa sur les chirurgiens jusqu'à la fin de l'ancien régime. Au XVIIIe siècle on consentit à ne plus les confondre avec les barbiers ; mais on les considéra toujours comme appartenant à une profession inférieure à celle des médecins jusqu'au décret du 18 août 1792, qui supprima les universités, les facultés et les corps savants.)

L'obligation imposée aux chirurgiens par l'édit de 1666 fut renouvelée, avec quelques modifications, le 5 novembre 1716, — le 4 novembre 1778, — le 8 novembre 1780, — le 4 novembre 1788, — le 17 ventôse an IX, — le 4 pluviôse an XII, — le 25 ventôse an XIII et le 25 août 1806. Les ordonnances de l'époque révolutionnaire ne parlent naturellement plus de *chirurgien*. Ce mot a été partout remplacé par celui *d'officier de santé* (1).

(1) Trébuchet, *Jurisprudence de la médecine*, p. 541.

Tous ces textes ont été implicitement abrogés par l'article 378 du Code pénal. L'article 484 du même Code est en effet ainsi conçu : « Dans toutes les matières qui n'ont pas été réglées par le présent Code et qui sont régies par des lois et règlements particuliers, les Cours et tribunaux continueront à les observer ». Or la matière du secret professionnel a été réglée par le Code pénal. Il y a donc abrogation des lois et règlements particuliers.

Ces anciennes ordonnances ne sauraient apporter une exception au principe de l'article 378. En effet, MM. Chauveau et Faustin Hélie ont observé avec beaucoup de raison : « Ce ne serait pas seulement une exception à cet article qu'il faudrait en déduire ; il s'agirait de tous les cas à peu près où les médecins sont appelés à connaître, dans l'exercice de leur art, des faits qui peuvent se rattacher à des délits ; il s'agirait de leur ravir l'indépendance de leur noble profession, d'effacer leur obligation la plus sacrée, pour les transformer en dénonciateurs d'office des malades auxquels ils donnent leurs soins » (1).

Néanmoins, après la promulgation du Code, on trouve encore l'édit de 1666 visé par les ordonnances du 25 mars 1816 et du 2 décembre 1822. Mais celles-ci passèrent inaperçues ou du moins ne suscitèrent aucune résistance. Il n'en fut pas de même de l'ordonnance rendue le 9 juin 1832 par M. Gisquet, préfet de police.

____

(1) *Théorie du Code pénal,* V, p. 12.

Les rues de Paris avaient été le théâtre d'une san-
glante bataille durant les journées des 5 et 6 juin. Pour
assurer, après la répression de l'émeute, le châtiment
des émeutiers, le préfet de police osa ressusciter les dispositions de l'édit de 1666. Ce fut un cri d'indignation
dans tout le corps médical. « Je ne connais pas d'in-
surgés dans mes salles, disait Dupuytren, je n'y vois
que des blessés ». Si on eût voulu assurer l'exécution de ces prescriptions, on se fût heurté à une résistance générale de tous les médecins. Aussi le préfet de
police dut-il battre en retraite ; et l'ordonnance demeura
sans effet. On lit dans *le Constitutionnel* du 14 juin :
» Il avait été rendu ces jours derniers une ordonnance
de police concernant les déclarations à faire par les
médecins et officiers de santé, ordonnance qui nous
a paru tellement absurde, tellement contraire aux
mœurs françaises, et par cela même inexécutable, que
nous nous sommes abstenus de l'insérer dans *le
Constitutionnel*. Nous l'avons considérée comme non
avenue, et l'autorité vient de faire de même. Un journal ministériel annonce aujourd'hui que cette ordonnance ne recevra pas d'exécution. »

Depuis 1832, aucun gouvernement n'a songé à faire
revivre ces dispositions surannées, qui d'ailleurs seraient
juridiquement inapplicables en face de l'article 378 du
Code pénal.

B. Articles 471 (15) et 475 (2) du Code pénal.

Des médecins ou des sages-femmes tiennent des maisons de santé ou d'accouchement où sont reçues à demeure des malades ou des femmes enceintes. A plusieurs reprises, et en invoquant différentes dispositions de la loi pénale, l'autorité administrative a voulu soumettre ces maisons à sa surveillance et à son contrôle.

1° Art. 475, n° 2. — Cet article est ainsi conçu : « Seront punis d'une amende depuis six francs jusqu'à dix francs inclusivement :..... 2° les aubergistes, hôteliers, logeurs ou loueurs de maisons garnies qui auront négligé d'inscrire de suite et sans aucun blanc sur un registre tenu régulièrement les noms, qualités, domicile habituel, dates d'entrée et de sortie de toute personne qui aurait couché ou passé une nuit dans leurs maisons; ceux d'entre eux qui auraient manqué à représenter ce registre aux époques déterminées par les règlements ou lorsqu'ils en auraient été requis aux maires, adjoints, officiers ou commissaires de police, aux citoyens commis à cet effet : le tout sans préjudice des cas de responsabilité mentionnés à l'article 77 du présent Code, relativement aux crimes ou aux délits de ceux qui, ayant logé ou séjourné chez eux, n'auraient pas été régulièrement inscrits. »

L'administration a parfois tenté d'assimiler les maisons de santé tenues par des médecins ou des sages-femmes aux *maisons garnies*. Il est évident qu'une pareille prétention eût supprimé tout secret professionnel. La Cour de cassation n'a jamais voulu accepter cette théorie.

Cet article 475 n° 2 est la reproduction presque textuelle de l'article 22 de la loi des 19-22 juillet 1791. La Cour suprême avait refusé d'appliquer cette disposition aux officiers de santé, le 29 fructidor an X (1). Depuis la promulgation du Code cette jurisprudence n'a pas varié. « Attendu que les sages-femmes ne peuvent être assimilées aux aubergistes, hôteliers, ou loueurs de maisons garnies..... que la disposition de l'article 475 § 2 du Code pénal est limitative ; qu'une pareille assimilation serait d'ailleurs contraire au vœu de l'article 378 du même Code qui soumet les sages-femmes à garder les secrets dont elles sont dépositaires à raison de leur profession... ». (Aff. Senget, Dorey, 12 septembre 1846) (2).

2° Art. 471, n° 15, du Code pénal. — L'administration sentant qu'elle ne pouvait exercer aucune surveillance sur ces maisons, en invoquant l'article 475, a pris le détour suivant :

L'article 471, n° 15 du Code pénal frappe d'une amende de 1 à 15 francs « ceux qui ne se seront pas conformés aux règlements ou arrêtés publiés par l'autorité municipale en vertu des articles 3 et 4, titre XI de la loi des 16-24 août 1790 et de l'article 46, titre Ier de la loi des 19-22 juillet 1791 ».

____

(1) Dal. *Rép.* V° *Contravention de police,* n° 275.
(2) D. P. 46. 4. 88.

Voici le texte des lois auxquelles renvoie l'article 475 :

Art. 3 de la loi des 16-24 août 1790. — « Les objets de police confiés à la vigilance et à l'autorité des corps municipaux sont :..... 3° le maintien du bon ordre dans les endroits où il se fait de grands rassemblements d'hommes, tels que les foires, marchés, réjouissances et cérémonies publiques, spectacles, jeux, cafés, églises et autres *lieux publics*..... 5° le soin de *prévenir par les précautions convenables* et celui de faire cesser par la distribution des secours nécessaires, les accidents et fléaux calamiteux, tels que les incendies, les *épidémies*, les épizooties, en provoquant aussi, dans ces deux derniers cas, l'autorisation des administrations de département et de district.

Art. 46 du décret des 19-22 juillet 1791. — « Le corps municipal pourra faire des arrêtés sur les objets qui suivent : 1° lorsqu'il s'agira d'ordonner les *précautions locales* sur les objets confiés à sa vigilance et à son autorité par les articles 3 et 4 du titre XI du décret du 16 août sur l'organisation judiciaire..... ».

La police municipale est investie des mêmes fonctions dans la loi de 1837 et dans la loi du 6 avril 1884 (art. 97, 3° et 6°). Mais ces deux lois ont remis le pouvoir de faire des arrêtés aux maires (art. 2 de la loi de 1837, art. 94 de la loi de 1884).

La jurisprudence n'a pas admis davantage l'intervention administrative par voie d'arrêté.

En 1833, la Cour de cassation déclare illégal un arrêté

du maire de Strasbourg qui interdisait aux sages-femmes
de loger chez elles aucune femme enceinte, sans qu'elle
fût munie d'une autorisation du maire (aff. Couleaux,
Cass. 30 août 1833) (1). En 1864, même décision au
sujet d'un arrêté du préfet de la Manche : « Attendu que
les maisons d'accouchement où les femmes enceintes
viennent chercher, en même temps que les soins particuliers qu'exige leur état, le secret que l'article 378
du Code pénal leur garantit et qui importe autant au
respect des mœurs publiques qu'à l'intérêt et à l'honneur
des familles, ne sauraient être, sans un étrange abus de
langage, considérées comme des lieux publics soumis
à la surveillance de l'administration et ouverts en tout
temps aux agents mêmes les plus subalternes de la police » (aff. Hardy, 23 janvier 1864) (2). Enfin, le 20 juin
1886, la Cour rend encore un arrêt dans le même sens (3).

Mais la Cour de cassation a admis (aff. Bertin, 3 août
1866) « que le préfet de police pouvait déterminer par
des arrêtés eu égard à l'étendue et à la disposition des
lieux, le nombre des pensionnaires que les sages-femmes
pourront recevoir à la fois dans leurs maisons d'accouchement, afin d'empêcher que dans un intérêt de spé-
culation les femmes enceintes y soient accumulées dans
des conditions dangereuses pour elles-mêmes et pour la
cité tout entière... » M. Muteau a vivement critiqué cet

(1) D. P. 33. 1. 108.
(2) D. P. 64, 1. 152.
(3) *Le Droit*, 18 août 1886.

arrêt. Pour nous, nous ne pouvons rien y découvrir qui soit contraire au principe de l'article 378. La précaution prise par le préfet de police contre les sages-femmes était sage et utile. Reste à savoir comment s'exercera la surveillance des agents de l'administration. Si dans leurs inquisitions ils contraignent la sage-femme à des révélations qu'elle n'a pas le droit de faire, par exemple à livrer les noms des pensionnaires, il y a une évidente violation de la loi. Mais si dans la pratique on peut trouver quelque moyen de sauvegarder le secret professionnel, cette surveillance demeure très légitime. C'est là une simple question de fait.

C. Déclarations de naissances.

Jean Astruc, savant médecin du XVIIIe siècle, écrivait dans *l'Art d'accoucher réduit à ses vrais principes* : « Il faudrait, s'il se pouvait, que les sages-femmes oubliassent jusqu'au nom et à la qualité des femmes qu'elles ont accouchées en secret. Du moins n'en doivent-elles jamais parler ni indirectement ni directement. Elles doivent se souvenir qu'elles sont à cet égard comme des confesseurs. » Voici sur le même sujet l'opinion de Guillaume Raviot, dans ses *Observations* sur le *Recueil des arrêts notables du Parlement de Dijon*, de François Périer (1) : « Le mal qui résulterait de cette police à laquelle on assujettirait les matrones, en les obligeant à déclarer au magistrat les filles qu'elles auraient accouchées, est

______
(1) Cité par M. Muteau, *op. cit.*

évident : le bien que ces déclarations produiraient lui est-il comparable ? D'un côté, ce serait réduire au désespoir les filles tombées dans l'opprobre ; elles n'auraient plus recours à ces accoucheuses, elles se délivreraient elles-mêmes ; elles se mettraient en péril elles et leurs fruits ; peut-être seraient-elles tentées de s'en défaire et de conserver leur honneur par un crime ; celles à qui l'honneur serait plus cher que la vie pourraient ne vouloir pas y survivre : voilà de grandes extrémités qui ne seraient pas compromises par l'utilité qu'on tirerait de la connaissance qu'on aurait du père et de la mère de l'enfant.... ».

Cette nécessité absolue du secret en cas d'accouchement, tous les anciens auteurs l'ont affirmée avec énergie. La jurisprudence moderne a tout d'abord tenté de la faire céder devant les exigences de l'état civil. Mais les tribunaux ont été ramenés à une interprétation plus sévère et plus stricte de l'article 378.

L'article 346 du Code pénal est ainsi conçu : « Toute personne qui, ayant assisté à un accouchement, n'aura pas fait la déclaration à elle prescrite par l'article 56 du Code civil et dans les délais fixés par l'article 55 du même Code, sera punie d'un emprisonnement de six jours à six mois et d'une amende de seize francs à trois cents francs. »

Quelles sont donc les règles posées aux articles 55 et 56 du Code civil ?

Art. 55. — « Les déclarations de naissance seront

faites dans les trois jours de l'accouchement à l'officier de l'état civil du lieu. L'enfant lui sera présenté. »

Art. 56. — « La naissance de l'enfant sera déclarée par le père ou, à défaut du père, par les docteurs en médecine ou en chirurgie, sages-femmes ou officiers de santé et autres personnes qui auront assisté à l'accouchement ; et lorsque la mère sera accouchée hors de son domicile, par la personne chez qui elle sera accouchée. »

Ces deux articles du Code ont soulevé en droit et en médecine légale de très nombreuses controverses. Ce n'est pas ici le lieu de les passer toutes en revue : il faut se borner aux hypothèses où le Code civil (art. 55, 56) semble pouvoir entrer en conflit avec le Code pénal (art. 378).

Une déclaration est imposée en certains cas aux médecins, sages-femmes et officiers de santé qui ont assisté à un accouchement : quels devront en être les termes ?

L'article 346 du Code pénal ne vise que les articles 55 et 56 du Code civil. Certains auteurs ont voulu cependant que la déclaration qui est ici exigée comprît les énonciations de l'article 57 : « L'acte de naissance énoncera le jour, l'heure et le lieu de naissance, le sexe de l'enfant, et les prénoms qui lui seront donnés, les prénoms, noms, profession et domicile des pères et mères et ceux des témoins. » On a dit à l'appui de cette opinion que toutes ces indications sont nécessaires à l'enfant comme preuves de son état civil.

A ce système il a été fait deux réponses, l'une géné-

rale qui se peut appliquer à toutes les personnes énumérées dans l'article 56, — l'autre spéciale aux médecins,
sages-femmes et officiers de santé.

1° L'article 346 du Code pénal n'a point visé l'article 57, qui demeure sans aucune sanction. On ne peut
élargir arbitrairement le sens d'une disposition pénale.
Donc, il faut s'en tenir aux articles 55 et 56 qui prescri-
vent : 1° la présentation de l'enfant, 2° une déclaration
de sa naissance, et rien de plus.

2° L'article 378 fait ici, comme ailleurs, au médecin et
à la sage-femme un devoir impérieux de ne rien révéler.
— La certitude, que ces témoins nécessaires de l'accouchement garderont un silence éternel, donnera quelque
confiance à de pauvres femmes désireuses de cacher
une faute. Plus grande sera cette certitude, moins nombreux seront les infanticides.

Cette doctrine est aujourd'hui celle de la jurisprudence, mais il n'en a pas été toujours ainsi.

La Cour de Dijon, le 14 août 1840, décida : « qu'il ne
suffit pas, pour échapper à la peine édictée par la loi, que
la personne qui a assisté à l'accouchement déclare le fait
de la naissance de l'enfant, qu'il faut en outre, puisqu'elle
connaît la mère, qu'elle en fasse la déclaration ; que la
réticence à cet égard empêcherait la preuve de l'état
civil de l'enfant ; qu'en vain les docteurs en médecine,
sages-femmes et officiers de santé exciperaient de l'article 378 du Code pénal qui leur défend de révéler les
secrets dont ils sont dépositaires par état ou profession,

que cet article ne dispose évidemment que pour les cas où la loi n'a pas imposé le devoir d'une révélation (1)..... » Même décision fut rendue par la Cour de Paris (20 avril 1843) (2) confirmant un jugement du Tribunal de Melun.

Mais le Tribunal de la Rochelle, à la même époque (6 avril 1843), venait de juger que « le cas où un médecin n'a connu la mère d'un enfant nouveau-né que sous le sceau du secret et dans l'exercice de sa profession constitue un cas d'exception légale, *où il lui est non seulement permis mais encore enjoint de garder* le secret à lui confié..... » Le ministère public s'étant pourvu contre cette décision, l'association de prévoyance des médecins de la Seine, présidée par Orfila, soumit à la Cour de cassation une consultation rédigée par son conseil judiciaire, M. Boullanger. La Cour de cassation rendit, le 16 septembre 1843 (3), un arrêt (affaire Mallet) qui a fixé la jurisprudence. A la vérité, pour acquitter le médecin qui se refuse à livrer le nom de la mère à l'officier de l'état civil, la Cour ne s'est pas fondée sur l'obligation du secret, mais sur ce fait que l'article 56 n'exige point cette révélation et que l'article 56 est seul prévu dans les dispositions pénales. Dans les arrêts du 1er juin 1844 (4) et du 1er août 1845 (5), la Cour a invoqué non

(1) Dalloz, *Rép.* V° *État civil*, 233.
(2) Dalloz, *Rép. ibidem.*
(3) D. P. 44. 1. 137.
(4) D. P. 44. 1. 282.
(5) D. P. 45. 1. 363.

seulement cet argument, mais aussi l'obligation du secret.

Le médecin devra donc s'abstenir de répondre à l'officier de l'état civil, si celui-ci lui demande le nom de la
mère ; mais si la femme qu'il a accouchée lui a donné
un faux nom, quelle devra être sa conduite ? La difficulté paraît « très embarrassante » à M. Trébuchet
(*Jurisprudence de la médecine*, p. 281) : « Un médecin,
dit cet auteur, est appelé auprès d'une femme en couches. Il reconnaît cette femme dont le mari est infirme
et malade depuis longtemps et qui, voulant me cacher la
faute qu'elle a commise, a quitté son domicile sous un
prétexte spécieux, et a pris un nom supposé. Ce médecin sait que cette femme est mariée, que, s'il déclare les
faux noms qu'elle a pris, il va priver un enfant de sa
possession d'état..., que faire ?... Il doit faire ainsi sa
déclaration à la mairie : Enfant d'une personne qui nous
a dit se nommer Paul ». La difficulté nous semble peu
embarrassante, et la solution de M. Trébuchet peu cor-
recte. La Cour de cassation a décidé avec raison, le
1er août 1845, qu'une sage-femme, déclarant ainsi un nom
imaginaire, « se rendait passible du crime de faux, prévu
par le dernier paragraphe de l'article 147 du Code pénal, dans le cas où elle aurait agi avec une intention
criminelle ». Supposons cette intention absente : la
sage-femme n'en demeurera pas moins exposée à une
action en dommages et intérêts de la part de l'enfant,
dont elle aura ainsi altéré l'état civil. — En pareil cas,

le médecin et la sage-femme doivent s'abstenir de tout mensonge et observer strictement le silence que la loi et la jurisprudence leur imposent.

Mais le nom de la mère sera-t-il la seule déclaration à laquelle devront se refuser les médecins et les sages-femmes ? — Nous croyons que le même silence s'impose quand il s'agit de la désignation du lieu de naissance.

Si, pour dissimuler l'accouchement, le médecin s'adresse à un officier de l'état civil qui n'est pas celui du lieu de la naissance, nul doute que l'article 346 ne doive lui être appliqué. Mais en s'adressant à l'officier de l'état civil de la commune, en province, et de l'arrondissement, à Paris, le médecin devra-t-il fournir une indication précise du nom de la rue et du numéro de la maison ? La jurisprudence ne l'a pas voulu et, à notre avis, elle a eu grand'raison : car en désignant le lieu de naissance, on eût le plus souvent livré du même coup le nom de la mère. D'ailleurs, on ne peut imposer au médecin telle des déclarations de l'article 57 et le dispenser de telle autre comprise dans le même article. La Cour d'Angers (18 nov. 1850) a décidé « que toutes les énonciations, au nombre desquelles se trouvent le lieu de naissance de l'enfant, les noms et domiciles des père et mère sont toutes mises sur la même ligne, que l'une n'est pas plus obligatoire que l'autre ; que sans doute toutes sont utiles, qu'aucune n'est essentielle » (1).

(1) D. P. 51. 2. 20.

Au mois de décembre 1875, le docteur B. se présentait à la mairie du 5° arrondissement de Paris pour déclarer la naissance d'un enfant, comme ayant assisté la mère pendant l'accouchement ; il déclarait l'enfant comme né de père et mère inconnus et refusait de faire connaître la maison où l'accouchement s'était effectué. Le maire n'a pas consenti à dresser l'acte de naissance, soutenant que la maison où l'accouchement avait eu lieu devait être déclarée. Le Tribunal de la Seine (30 décembre 1875) donna raison au médecin (1).

Toutes les décisions judiciaires (excepté le jugement du Tribunal de la Rochelle, 6 avril 1843, cité plus haut) *dispensent* le médecin de cette déclaration à l'officier de l'état civil, comme elles le *dispensaient* de déposer en justice. Mais le médecin qui ferait une pareille déclaration serait-il punissable ? Il n'y a pas encore eu de procès où la question se soit posée de la sorte. Mais la réponse ne paraît guère douteuse. Le médecin qui déclarera le nom de la mère devra être traduit en police correctionnelle. Si l'on se range à la théorie du secret absolu, que nous avons partout soutenue, il faudra prononcer que la déclaration ainsi faite est délictueuse sans réserve ni restriction.

On a néanmoins prétendu établir une distinction entre la déclaration du nom de la mère et celle du lieu de

____

(1) *Gazette des Tribunaux*, 31 déc. 1875. — *Bulletin de la Société de médecine légale*, IV, p. 251 : commentaire de M. Hémar sur le jugement du tribunal de la Seine.— *Annales d'hygiène et de médecine légale*, VI, n° 6; 3ᵉ série ; 1881.

naissance. Dans ce dernier cas, certains ne croient pas
l'obligation aussi absolue. « On a déjà fait un pas, légal,
il est vrai, hors de la voie du secret, en déclarant le fait
de l'accouchement et la commune où il a eu lieu. Lorsqu'on a le soupçon qu'un crime se prépare, après avoir
tout fait pour détourner de cet acte, on donne une garantie de plus à la vie de l'enfant, qui est notre client,
comme la mère, en déclarant le lieu de l'accouchement (1) ». MM. Demange, Devergie et Gery ont présenté en 1870 à la Société de médecine légale un rapport
où ils inclinent vers cette opinion (2).

Nous ne pouvons accepter cette violation flagrante
du secret professionnel. Il est bien certain que les articles 55 (Code civil) et 346 (Code pénal), en forçant le
médecin à faire la déclaration devant l'officier de l'état
civil du lieu de la naissance, ont porté atteinte à la loi du
secret. Car dans des petites communes cette simple indication pourra parfois trahir le nom de la mère. Mais
parce que le législateur a posé là une exception formelle à la règle de l'article 378, est-ce donc une raison
pour en créer une seconde, qui ne s'appuie sur aucun
texte ? Enfin la crainte de laisser commettre un infanticide peut-elle justifier une révélation qui, impunie,
entraînera beaucoup d'autres femmes à commettre le
même crime ?

La formule de la déclaration, que devra faire le méde-

____

(1) *Dictionnaire encyclopédique des sciences médicales*, V° *Secret médical.*
(2) *Annales d'hygiène publique et de médecine*, XXXIII, p. 223.

cin à l'officier de l'état civil, est, au point où nous en
sommes, très facile à établir : « Je déclare, dira le médecin ou la sage-femme, avoir assisté à un accouchement. L'enfant est vivant ». L'article 56 ajoute : « l'acte
de naissance sera rédigé de suite en présence de deux
témoins ». Cet acte ne contiendra que la déclaration
du médecin : c'est-à-dire le fait qu'un enfant est né dans
les trois jours précédents et dans la circonscription où
est compétent l'officier de l'état civil à qui on apporte
la déclaration. Rien de plus ; toute autre indication, n'é-
tant pas exigée par l'article 346, tomberait par là même
sous le coup de l'article 378. M. Demolombe a voulu
établir une distinction entre les naissances d'enfants légitimes et les naissances d'enfants naturels. C'est une
thèse subtile, dont on ne trouve aucunes traces dans les
articles 55 et 56, les seuls qui puissent nous intéresser
ici.

Ajoutons que le médecin pourra déclarer à l'officier
de l'état civil le nom de la mère, si celle-ci l'en a expressément chargé. Il agira alors non plus comme médecin
déclarant une naissance mais comme mandataire de la
mère reconnaissant son enfant.

Des enfants morts-nés. — On doit appeler enfants
morts-nés ceux qui sont morts avant l'accouchement ou
pendant l'accouchement ; on a quelquefois ajouté « ou
immédiatement après la naissance ». Mais nous croyons
que c'est là une confusion malheureuse entre la vie et
la viabilité. On peut dire si l'enfant meurt immédiate-

ment après sa naissance qu'il n'est pas né viable, mais non qu'il est mort-né. Dès que le cordon ombilical est rompu, la vie extra-utérine commence.

En quels termes le médecin doit-il déclarer à l'officier de l'état civil la naissance d'un enfant mort-né ?

Qu'il soit tenu de présenter l'enfant, cela n'est guère douteux : l'article 55 du Code civil et l'article 346 du Code pénal lui en font un devoir. Ces textes ne distinguent pas entre l'enfant mort-né et l'enfant qui a vécu.

Quant à l'article 56, qui prescrit la déclaration, doit-il être appliqué, quand il s'agit d'enfants morts-nés ? On ne peut guère, non plus, y contredire. Mais pour les enfants morts-nés, comme pour les enfants vivants, il faut isoler l'article 56 de l'article 57, et en imposant la déclaration, ainsi que le veut la loi pénale, ne pas exiger que la mère soit dénoncée.

Ces principes élémentaires suffiraient à trancher la question si on ne se trouvait en face de deux difficultés, l'une pratique et l'autre théorique.

En pratique, cette déclaration de naissance s'est le plus souvent confondue avec la demande en autorisation d'inhumer. La jurisprudence a réglé ces deux questions dans des décisions communes. — Comme, d'une façon presque générale, elle impose l'obligation de demander l'autorisation d'inhumer pour les enfants morts-nés, il s'en suit qu'elle impose aussi la déclaration. Mais il est parfois malaisé de séparer et d'isoler les deux questions qui sont fort enchevêtrées dans les arrêts.

Mais la plus grosse difficulté vient d'un décret de 1806 ainsi conçu :

« Art. 1er. — Lorsque le cadavre d'un enfant dont la naissance n'a pas été enregistrée sera présenté à l'officier de l'état civil, cet officier n'exprimera pas qu'un tel enfant est décédé mais seulement qu'il lui a été présenté sans vie. Il recevra de plus la déclaration des témoins, touchant les noms, prénoms, qualités et demeures des père et mère de l'enfant et la désignation des jour et heure auxquels l'enfant est sorti du sein de sa mère ».

« Art. 2. — Cet acte sera inscrit à sa date sur les registres de décès, sans qu'il en résulte aucun préjugé sur la question de savoir si l'enfant a eu vie ou non. »

Ce décret était venu combler une lacune en traçant leur devoir aux officiers de l'état civil et aux déclarants, quand il s'agit de la naissance d'un enfant mort-né. En somme on ne pouvait tout à la fois rédiger un acte de naissance et un acte de décès, et indiquer ainsi que l'enfant avait vécu, ce qui eût été contraire à la vérité. De là des règles spéciales.

Mais ces règles, comme celles de l'article 57 du Code civil, demeuraient sans sanction. La jurisprudence et un grand nombre d'auteurs ont voulu lui en trouver une dans l'article 346 du Code pénal. Il faut reconnaître que c'est pousser bien loin les raisonnements par analogie, surtout en matière criminelle.

D'ailleurs établit-on ce rapprochement et donnât-on les mêmes sanctions pénales au décret de 1806 qu'aux articles du Code civil relatifs aux déclarations de naissance, il faudrait encore, en respectant l'analogie jusqu'au bout, n'imposer au médecin que la simple déclaration du fait. C'est d'ailleurs ce qu'a admis la Cour de cassation (2 septembre 1843) (1): « Attendu que le législateur a principalement voulu la constatation de l'accouchement de tout enfant ; que les considérations les plus impérieuses d'ordre public imposent à toute personne qui y a assisté *la déclaration du fait* à l'officier de l'état civil ; qu'elles ne sont pas exclusivement applicables à la preuve de l'état des enfants ; — attendu qu'un décret spécial du 3 juillet 1806 a imposé aux officiers de l'état civil le devoir de recevoir cette déclaration, à l'égard des enfants, lorsqu'il est incertain de savoir s'ils sont en vie ou non…; que ce décret a nécessairement sa sanction dans la disposition pénale de l'article 346…. ». Comme on le voit, peu importe qu'on élargisse le sens et la portée de l'article 346, il n'en reste pas moins certain que la seule déclaration imposée au médecin est la *déclaration du fait*.

Le secret professionnel ne devra donc pas plus être violé, qu'il s'agisse d'un enfant mort-né ou d'un enfant vivant.

Il nous reste à examiner à quelle époque de la grossesse l'enfant mort-né, ne pouvant plus être confondu avec le fœtus, doit être présenté à l'officier de l'état civil.

---

(1) Dalloz, *Rép.*, Vº *Actes de l'état civil*, 510.

La Cour de Nancy (17 septembre 1839) (1) a décidé qu'il n'y avait lieu à la déclaration que quand « l'enfant était arrivé au terme où il y a viabilité ». — La Cour de cassation a décidé (2 sept. 1843) que ce n'est pas aux *personnes privées* de préjuger si un enfant a eu vie ou non, mais que cette appréciation appartient à l'officier de l'état civil. La Cour de Paris (15 février 1865) lui a réservé le même droit et a imposé la déclaration à toute époque de la grossesse. Enfin, la Cour de cassation (7 août 1874) a déclaré que le décret du 3 juillet 1806 ne s'applique qu'aux enfants nés à l'époque de la viabilité (art. 312, C. civ.), c'est-à-dire après un minimum de 180 jours de gestation.

Même incertitude dans les règlements administratifs. Depuis une lettre adressée le 11 mai 1868 par le Procureur impérial de la Seine au préfet (2), la déclaration fût exigée pour tous les fœtus qui avaient au moins 4 mois ; aux termes d'une nouvelle circulaire du 26 janvier 1882, elle est prescrite pour tous les embryons, même de six semaines. En pratique ces dernières formalités ne sont pas toujours exécutées.

Il n'y a donc sur ce point ni usage ni jurisprudence bien fixes. Mais à quelque époque que soit réclamée la déclaration, le médecin ne doit la faire qu'avec les réticences nécessaires que nous avons indiquées à propos des articles 55 et 56 (Code civil) (3).

<hr>

(1) Dalloz, *Rép.*, V° *Actes de l'état civil*, 510.
(2) Tardieu, *Études médico-légales sur l'avortement*, p. 225.
(3) Voir Brouardel, *op. cit.* p. p. 211, et sqq.

D. Assurances sur la vie.

Il faut ici bien distinguer deux situations très différentes, celle du médecin de la compagnie et celle du médecin *traitant* de la personne qui désire s'assurer ou qui s'est assurée.

Le médecin de la Compagnie ne saurait être astreint à aucun secret. Car si c'est dans l'exercice de ses fonctions qu'il a connu l'état de santé de l'individu sur la tête de qui reposera l'assurance, ce n'est point assurément *à raison de la confiance attachée à sa profession*. Il n'a point agi comme médecin exerçant l'art de guérir, mais comme mandataire de la Compagnie, chargé d'une expertise officieuse et agréé, comme tel, par la personne chez qui il se présente. Il n'y a plus ici de confidence forcée. L'article 378 n'est plus applicable.

Toute autre est la situation du médecin traitant. Ici deux hypothèses distinctes peuvent se présenter :

1° La Compagnie s'adresse au médecin du candidat à l'assurance pour être renseigné sur l'état de santé de celui-ci.

Dans le principe les compagnies adressaient aux médecins le questionnaire suivant :

« 1° Depuis quand connaissez-vous X. ? — 2° Lui avez-vous donné vos soins, à quelle époque ? — 3° Quelles maladies a-t-il eues à votre connaissance ? — 4° Quelles sont sa constitution et sa santé habituelle ? — 5° Est-il sujet à des maladies, indispositions ou infirmités habituelles ? — 6° A-t-il une hernie, est-elle continue ? — 7° Existe-t-il à votre connaissance dans la famille des maladies héréditaires ? — 8° A-t-il encore ses père et mère ; s'il ne les a plus, à quel âge sont-ils morts ; de quelle maladie ? — 9° Si c'est une femme, est-elle enceinte ? a-t-elle eu des enfants ; les couches ont-elles été heureuses ? — 10° Quelles sont ses habitudes de régime et de vie ? — 11° Pensez-vous que l'on puisse sans crainte placer des capitaux sur sa tête ? — Je soussigné, certifie sincères et véritables les réponses ci-dessus ».

Répondre aux questions ainsi formulées, c'est violer d'une façon formelle le secret professionnel, c'est se rendre coupable du délit de l'article 378. Tardieu en (1) faisait une question de conscience et non plus de principe. Mais, pour adopter un pareil avis, il faudrait admettre que l'autorisation du client enlevât tout caractère délictueux à la révélation des secrets : nous avons cherché dans le chapitre II à établir le contraire. M. Legrand du Saulle a admis la délivrance des certificats, mais seulement toutes les fois qu'il est démontré que le contrat d'assurance doit tourner au profit de son client. Cette distinction pourrait se justifier si l'on considérait, comme nécessaire pour constituer le délit, l'intention de nuire. Nous avons déjà à maintes reprises écarté cette théorie. D'ailleurs si l'on suivait l'opinion de M. Legrand du Saulle on se heurterait dans la pratique à un inconvénient que nous avons déjà signalé en des circonstances

____

(1) *Annales d'hygiène et de médecine légale* (avril 1866).

analogues : le médecin qui délivrerait de pareils certificats, en cas de bonne santé, trahirait implicitement
le secret d'un autre client, le jour où il refuserait de
répondre à la compagnie d'assurances.

Nous sommes ramené encore une fois au secret absolu. Telle fut d'ailleurs, en 1862, l'opinion unanime
de la Société médicale du deuxième arrondissement de
Paris et de l'Association des médecins de Toulouse (1).

Ces demandes de certificat ont rencontré tant de
refus de la part du corps médical, que les compagnies
se contentent le plus souvent de faire examiner par leur
propre médecin la personne qui est l'objet d'une assurance.

Enfin « presque toutes les compagnies qui demandent
encore l'avis du médecin ordinaire ont renoncé à l'usage
d'un certificat préparé à l'avance contenant des questions nombreuses et souvent embarrassantes dont il
devait remplir les blancs et se bornent à lui demander
s'il y a lieu ou non de passer le contrat d'assurance.
Même dans cette mesure nous croyons que le certificat
est une pratique mauvaise et illégale (2) ».

Une loi du 11 juillet 1868 créant deux caisses d'assurances, l'une en cas de décès, l'autre en cas d'accidents
résultant des travaux agricoles et industriels, est allée
plus loin encore. L'article 3 est ainsi conçu : « Toute
assurance faite moins de deux ans avant le décès de l'as-

(1) *Union médicale*, 11 mars 1862 et 19 février 1865.
(2) Briand et Chaudé, *op. cit.*, II, p. 873.

suré demeure sans effet. Dans ce cas les versements
effectués sont restitués aux ayants droit avec les intérêts
simples à 4 pour 100 ». Le rapporteur de la loi expli-
quait qu'on entendait ainsi supprimer les visites et les
certificats des médecins, puisqu'on retirait toute raison
d'être aux assurances contractées en vue d'une mort prochaine qui eut pu modifier les probabilités des tables
de mortalité. Ce dernier système est le meilleur et assurément le plus pratique.

2° La compagnie demande à un médecin un certificat *post necem*, lors du décès d'un de ses clients.

La Société de médecine légale (1) (séances du 9 juin
et du 4 août 1884) a examiné cette question. Dans la
discussion, M. Rocher, avocat au barreau de Paris, dé-
fendit la thèse du *secret absolu*. Nous ne pouvons mieux
faire que reproduire ici quelques-unes de ses observations : « Ce que demande la compagnie, c'est la délivrance d'un certificat dans lequel le médecin énoncera
ce qui est pour lui la cause de la mort de son client.
Tout d'abord on pourra se demander qui pourra solli-
ter ce certificat. Est-ce la compagnie d'assurances ? Alors
sans hésitation le médecin devra le refuser. Est-ce un
tiers étranger, bénéficiaire à un titre quelconque de l'assurance contractée par le défunt ? Ici encore, sans nul
doute, le certificat ne pourrait être délivré. La question
ne peut se poser que si c'est la famille qui vient solli-
ter le certificat. Mais, par la famille, qui devra-t-on en-

(1) *Société de médecine légale*, VIII, p. 337 et 389.

tendre ? Sont-ce les descendants, les collatéraux, l'époux
survivant ? qui aura le droit, au nom du défunt, de délivrer le médecin de son devoir de silence ? C'est là, ce
nous semble, un point capital. Vous allez révéler les circonstances du décès de votre client et qui sait si lui vous
aurait autorisé à le faire ? » M. Rocher se demande
ensuite ce que doit faire le médecin, s'il a été formellement délié du secret par la volonté du défunt. Pourquoi
ne pas délivrer ce certificat ? « Parce que, ajoute-t-il, de
deux choses l'une : ou vous ne le délivrerez, ce certificat,
que s'il est favorable, et alors toutes les fois que vous
n'en délivrerez pas, votre silence sera significatif et équi-
vaudra au plus défavorable de tous les certificats, ou
bien vous le délivrerez toujours même quand il devra
être préjudiciable aux intérêts de celui qui vous l'aura
demandé et alors vous atteindrez un but diamétrale-
ment opposé à celui que se proposait votre client ».

La Société de médecine légale partagea cette opinion,
qui est juridiquement inattaquable. Le Tribunal du Hâ-
vre, dans un jugement du 30 juillet 1886 (1), a reconnu
que c'était pour le médecin une *obligation* de refuser
tout certificat en pareilles circonstances.

E. Maladies contagieuses.

Nous ne pouvons passer ici en revue les innombrables
hypothèses qui se présentent dans la pratique médicale

____

(1) *Journal de médecine de Bordeaux*, 8 et 15 août 1886, cité par Brouardel, *op. cit.*, p. 84.

et où se pose la question du secret professionnel. On comprend sans peine que les médecins rencontrent ces difficultés et ces embarras tout particulièrement dans le traitement des affections syphilitiques. Nous avons déjà examiné, dans le chapitre II, la situation pénible où peut se trouver un médecin consulté sur le mariage d'une personne qu'il sait atteinte d'une maladie contagieuse. Nous avons montré que son seul refuge, au milieu des troubles et des incertitudes de sa conscience était toujours dans la stricte observation de la loi. Les traités de médecine légale, les *Annales d'hygiène publique et de médecine légale*, les journaux de médecine nous offrent un grand nombre de cas de conscience discutés, controversés et résolus de façons très diverses. Nous ne pouvons les énumérer tous ; citons, à titre d'exemples, trois questions intéressantes, relatives au devoir du médecin soignant des syphilitiques.

a) Un médecin doit-il révéler à une nourrice que l'enfant qu'elle allaite est atteint de la syphilis ? — En faisant une pareille communication à la nourrice, le médecin révèlerait du même coup que l'enfant et les parents sont syphilitiques. — Si la contamination a déjà eu lieu lorsqu'est appelé le médecin, celui-ci devra ordonner à la nourrice le traitement qu'il jugera à propos, lui recommander toutes les précautions nécessaires ; mais il doit à tout prix s'abstenir de lui faire comprendre de quel mal elle est atteinte. — C'est assurément là le meilleur moyen de concilier les exigences du secret et le devoir d'humanité qu'impose au médecin sa profession.

Cette situation fort embarrassante est fréquente dans la pratique médicale. Tardieu (*Étude médico-légale de la syphilis* dans les *Annales d'hygiène*, XXI, p. 340) a cité le fait d'un médecin qu'une nourrice poursuivit en justice parce qu'il ne l'avait pas prévenue de l'état syphilitique de l'enfant. Le médecin alléguait qu'il eût cru en tenant une pareille conduite trahir le secret de ses clients : il fut renvoyé de la plainte sans que la justice ait eu à se prononcer sur la valeur de ce dernier moyen de défense.

Le 14 avril 1868 la Cour de Dijon, dans un arrêt qui passe aussi à côté de la question de droit, sans la trancher d'une façon décisive, déclare « que le médecin qui sciemment laisse ignorer à une nourrice les dangers auxquels l'expose l'allaitement d'un enfant atteint de syphilis congénitale, peut être déclaré responsable du préjudice causé par cette réticence ; — qu'il ne saurait prétendre qu'appelé à donner des soins à l'enfant, il n'avait pas à se préoccuper du danger que courait la nourrice ; — qu'un pareil système qui blesse les lois et la morale ne peut être invoqué contre une nourrice à laquelle sa situation même inspire une confiance nécessaire dans le médecin choisi par la famille ».

En pesant les termes de cet arrêt : *laisser ignorer les dangers.... il ne saurait prétendre qu'il n'avait pas à se préoccuper du danger,* on s'aperçoit que les magistrats ont voulu n'imposer au médecin aucun devoir qui ne fût conciliable avec l'observation du secret. Que reprochent-ils au médecin? Ce n'est pas d'avoir caché la maladie, mais d'avoir dissimulé le *danger*. L'hypothèse qu'a jugée la Cour de Dijon n'est pas, il est vrai, tout à fait la même que celle que nous examinions tout à l'heure. Dans l'affaire qui a motivé cet arrêt, la syphilis infantile avait été reconnue par le médecin avant que la contagion n'ait frappé la nourrice. Mais ici encore nous croyons légale et morale la solution que nous avons indiquée plus haut. Que le médecin avertisse la nourrice qu'il y a un très grand péril pour elle à continuer l'allaitement; cet avertissement une fois donné avec fermeté, il sera en règle avec sa conscience et le devoir du secret sera sauf (1).

b) Si la syphilis a été communiquée par l'un des époux à l'autre époux, leur médecin peut-il attester par certificat l'existence de la maladie?

La réponse n'est pas douteuse : ce serait là une violation évidente de l'article 378.

Cependant un savant praticien, M. Legrand du Saulle, a admis que le médecin ne violerait pas le secret professionnel dans le cas où le certificat lui aurait été demandé par l'époux contaminé, « par écrit et dans un but sérieux et bien défini ».

Cette singulière transaction avec tous les principes de la profession médicale ne peut se défendre. MM. Tardieu et Ricord ont toujours soutenu qu'en pareille affaire

(1) Muteau, *op. cit.*, p. 384.

le médecin doit résolument s'abstenir. Qu'importe en effet la demande de la personne atteinte par le mal ? Nous avons précédemment établi que le consentement de la partie intéressée ne pouvait empêcher que la révélation ne fût un délit ; il est sans importance que le consentement ait été donné par écrit ou verbalement. Puis qu'entend M. Legrand du Saulle par « un but sérieux et bien défini ? » C'est la séparation de corps. Mais comme M. Muteau l'a fait observer avec beaucoup de raison, « comment considérer comme permise la délivrance de ce certificat quand le témoignage est interdit sinon par la loi pour ceux qui regardent la prohibition de l'article 378 comme une prohibition facultative du moins par la conscience ? »

c) Quelle conduite doit tenir le médecin qui constate chez un ouvrier d'une verrerie les symptômes de la syphilis ?

De fréquents accidents se sont produits dans les verreries ; la syphilis y est propagée avec une terrible rapidité par l'usage du tube en fer creux qui sert à la fabrication des bouteilles et passe de bouche en bouche. Un ouvrier atteint du mal vénérien devient donc un péril pour tous ses camarades. De là une très grave responsabilité pour le médecin qui constate chez un verrier les symptômes de la maladie. Devra-t-il prévenir le maître de l'usine, au mépris du secret professionnel ?

En fait, la question ne se pose plus qu'assez rarement. Les directeurs des verreries soumettent leurs ouvriers à de fréquentes visites médicales. Le médecin attaché

à l'établissement et spécialement chargé de cette surveillance se trouve alors dans la même situation que le
médecin d'une compagnie d'assurances. Il ne viole plus
de secret puisqu'il n'y a pas eu *secret confié* et qu'en se
présentant à un examen, les ouvriers savent qu'ils vont
se trouver en face du mandataire du directeur. En en-
trant dans l'usine, ils ont accepté dans l'intérêt commun
les inquisitions et du même coup les rapports du médecin. Ce régime s'est introduit peu à peu dans les verreries ; car la jurisprudence a formellement établi la
responsabilité du maître de l'établissement en cas de
contagion. Voici un des motifs d'un arrêt rendu le
23 avril 1869 par la Cour de Dijon : « Attendu... que la
fréquence de ces accidents, dont la science se préoccupe
à si juste titre, n'étant point ignorée des directeurs de
verreries en présence d'un danger connu et prévu, la
loi, à défaut de règlements spéciaux, prescrivait à l'in-
timé les mesures de vigilance nécessaires pour préserver
ses ouvriers des effets de la contagion par l'introduction
dans son usine d'un individu depuis longtemps infecté ».
Parmi « ces mesures de vigilance nécessaires » il n'en
est pas de plus efficace que l'établissement d'un service médical propre à l'usine.

Néanmoins il peut arriver que ces précautions n'étant
pas prises, un médecin soit appelé à soigner l'ouvrier
d'une verrerie, à titre privé. Devra-t-il trahir le secret
de son client ? — Nous ne le croyons pas ; il devra assurément user de toute son autorité pour amener l'ou-

vrier syphilitique à abandonner l'industrie de la verrerie. Mais rien dans la loi ne saurait lui permettre une dénonciation.

F. Vérifications de décès.

L'article 77 du Code civil prescrit qu'aucune inhumation ne doit être faite sans une autorisation de l'officier de l'état civil « qui ne pourra la délivrer qu'après s'être transporté auprès de la personne décédée, pour s'assurer du décès ». Dans la pratique l'officier de l'état civil délègue un médecin pour vérifier les décès.

Cette mesure, prescrite par la loi, n'a qu'un but: prévenir les inhumations précipitées. Aussi le texte n'assigne-t-il à l'officier de l'état civil qu'une seule mission : s'assurer de la mort.

Mais on a pensé que la science tirerait grand profit d'une statistique générale des décès, selon les âges, selon les sexes et selon les causes qui ont provoqué la mort. On a confié le soin de recueillir les éléments de cette statistique au vérificateur des décès. Voici comment une circulaire du 24 décembre 1866 a organisé ce service : « Dès que la déclaration d'un décès aura été faite, le maire fera parvenir au médecin vérificateur du décès une feuille en double expédition sur laquelle il inscrira les nom, prénoms, sexe, âge, profession de la personne décédée ; la nature de la maladie à laquelle elle a succombé et autant que possible sa durée et ses complications ; le nom du médecin qui a soigné le malade, celui du pharmacien qui a délivré les médicaments et autant que possible les conditions hygiéniques du domicile ».

C'est là une violation en règle de l'article 378. De ce que le malade est mort, il ne s'en suit pas que le secret doive cesser avec lui. L'illégalité de ces instructions ministérielles est flagrante. Si l'article 378 ne suffisait à le démontrer, on en pourrait d'ailleurs donner encore une autre preuve : l'article 85 (C. civ.) est ainsi conçu : « Dans tous les cas de mort violente, ou dans les prisons ou maisons de réclusion, ou d'exécution à mort, il ne sera fait sur les registres aucune mention de ces circonstances, et les actes de décès seront simplement rédigés dans les formes prescrites par l'article 79. » Le législateur a bien marqué par là qu'il voulait éviter aux familles de voir perpétuer sur les registres de l'état civil des mentions infamantes. La seule indication dans l'acte de décès qu'une personne est morte à l'hôpital du midi ou dans la maison de santé de Charenton serait pour la même raison contraire au vœu de la loi.

Les énonciations que réclame la circulaire de 1866 sont donc en flagrante contradiction avec la loi du secret. Car le médecin chargé de vérifier les décès ne pourra les recevoir que du médecin qui a soigné le défunt.

Les résultats d'une pareille pratique sont déplorables : d'une part on méconnaît les obligations professionnelles du corps médical; d'autre part on n'obtient que des statistiques incomplètes ou inexactes, car beaucoup de médecins se font un devoir·de conscience de refuser certains renseignements quand ils peuvent porter préjudice à la mémoire du client qui s'est fié à eux.

Il y a cependant un moyen très simple de concilier le devoir du secret et les justes exigences de la science ; on l'a déjà employé avec succès dans presque toutes les villes de France. D'une part le médecin de l'état civil constate le décès et par là écarte le péril des inhumations précipitées. De l'autre le médecin traitant adresse à la mairie sous pli cacheté un bulletin qui contient toutes les indications nécessaires à la statistique ; — ces bulletins sont centralisés et dépouillés tous les trois mois au chef-lieu du département. Bien entendu le nom des défunts n'y figure jamais.

G. Épidémies.

Article 13 de la loi du 3 mars 1822 : « Sera puni d'un emprisonnement de quinze jours à trois mois de prison et d'une amende de 50 francs à 500 francs *tout individu* qui, n'étant pas dans le cas prévu par l'article précédent, aurait refusé d'obéir à des réquisitions d'urgence ou qui, ayant connaissance d'une maladie pestilentielle, aurait négligé d'en avertir qui de droit ». L'ordonnance du 7 avril 1822, qui régla les détails de la police sanitaire organisée par la loi du 3 mars, enjoint *à tous les médecins des hôpitaux ainsi qu'à tous les autres* et en général à tous les sujets *qui seront informés de symptômes de maladie pestilentielle*, d'en avertir les administrateurs sanitaires et à défaut le maire du lieu ».

C'est bien ici, quoiqu'on en ait dit, une dérogation formelle à la loi du secret professionnel. Elle s'explique et se justifie : 1° par la grandeur du désastre *public* que pourrait causer le silence du médecin ; 2° par la nature même des maladies épidémiques, qu'en général on n'a aucun intérêt à dissimuler.

Néanmoins nous croyons qu'il ne faut pas exagérer l'importance de cette dernière considération.

M. le D_r_ Brouardel (1) pense que, malgré la loi de 1822, le secret professionnel pourrait encore s'imposer au médecin *dans certains cas* et il cite l'exemple suivant : « Un individu est subitement atteint du choléra dans un lieu où il n'aurait pas dû se trouver, chez une femme mariée par exemple ; évidemment le médecin est tenu par son secret... ». Il ne nous paraît pas que le devoir, — du moins le devoir *légal* du médecin, — soit aussi clair, en présence des termes de la loi du 3 mars et de l'ordonnance du 7 août 1822.

§ 2. — Des Pharmaciens.

L'article 378 a imposé aux pharmaciens une obligation en tout semblable à celle des médecins. Un arrêt rendu par le Parlement de Paris contre un apothicaire et que nous avons signalé plus haut prouve que telle était déjà l'ancienne jurisprudence. Par l'ordonnance du

(1) Brouardel, *op. cit.*, p. 232.

médecin, qu'il exécute, le pharmacien connaît la maladie de son client. S'il la révèle la loi pénale lui est applicable. Examinons brièvement quelques hypothèses spéciales à l'exercice de la pharmacie.

a) Le pharmacien doit-il rendre l'ordonnance à son client en lui remettant le médicament prescrit ?

C'est là, on le sait, l'usage des pharmaciens d'aujourd'hui. Une pareille pratique permet au malade d'utiliser à plusieurs reprises la même ordonnance. Mais elle est illégale et dangereuse.

Rendre l'ordonnance au client, c'est lui permettre d'accumuler chez lui les doses de telle substance dont la vente n'est permise qu'en infime quantité ; c'est rendre illusoires toutes les précautions dont on a entouré l'exercice de la pharmacie dans l'intérêt de la santé publique ; mais surtout c'est risquer de compromettre le secret confié. L'ordonnance est une correspondance entre le médecin et le pharmacien ; une fois remise à ce dernier elle lui appartient ; il ne doit pas s'en dessaisir.

b) Le pharmacien doit-il répondre si on l'interroge sur la nature des remèdes indiqués dans l'ordonnance ?

Le pharmacien doit garder le silence. L'ordonnance lui est-elle apportée par une personne autre que le malade à qui elle s'applique, — il peut en traduisant en langue vulgaire les termes scientifiques de l'ordonnance dévoiler quelle est au juste la maladie ainsi soignée. — L'article 378 serait violé. L'ordonnance lui est-elle remise par le client à qui le médecin l'a destinée, même dans ce cas le pharmacien devra garder le silence. Car il ignore si le médecin n'a pas jugé à propos dans l'intérêt du malade de dissimuler la gravité du mal. D'un mot imprudent il pourrait causer un grand malheur.

c) Que doit faire le pharmacien à qui la justice réclame une ordonnance ?

La refuser, toujours la refuser, comme le médecin doit toujours refuser son témoignage. C'est bien en qualité de confident *nécessaire* que le pharmacien détient l'ordonnance. Qu'il la garde donc obstinément cachée, même sous la menace de perquisitions judiciaires. C'est non seulement son droit, c'est même son devoir : car l'article 378 est aussi absolu pour les pharmaciens que pour les médecins.

II. — Des professions non énoncées dans l'article 378 mais comprises dans sa formule générale.

Après avoir énuméré « les médecins, chirurgiens et autres officiers de santé ainsi que les pharmaciens et les sages-femmes », l'article 378 ajoute : « et toutes autres personnes dépositaires par état ou profession des secrets qu'on leur confie ». Il nous reste à examiner quelles sont ces personnes indiquées mais non énumérées par la loi.

Cette énumération avait été tentée par Damhouderius (cap. 123, n° 19). Dans notre ancien Droit, Jousse (*Justice criminelle*, 3ᵉ partie, livre II, titre VIII, art. 3,

sect. 1) et Guy du Rousseaud de la Combe (*Matière criminelle*) ont donné des listes des personnes dispensées
de témoigner. Ces documents sont aujourd'hui sans
importance. D'ailleurs il s'agit beaucoup moins de dresser une table, toujours incomplète, des professions astreintes au secret que de bien préciser le sens de la formule de l'article 378, qui au premier abord paraît un
peu vague.

Nous passerons ensuite en revue les diverses *professions* ou *états* que la jurisprudence et les auteurs ont
considérés comme entraînant l'obligation du secret.

<blockquote>§ 1er. — *Comment faut-il entendre les mots* : « *état ou
profession* » *de l'article 378 ? — Des secrets d'état.*</blockquote>

Le texte du Code pénal interdit la révélation à tous
les dépositaires de secret par *état ou profession*. Ces deux
mots ne sont pas là sans doute pour désigner deux
ordres d'idées nettement séparées : ils sont à peu près
synonymes. *État* signifie, au dire de Littré, *position so-
ciale* ; car on ne peut croire que les rédacteurs du Code
l'aient pris dans le sens plus restreint où on l'employait
sous l'ancien régime : « Il y a en France trois sortes
d'états : l'Église, l'Épée et la Robe » (Montesquieu).
Quant au mot *profession*, Littré l'explique ainsi : *état,
emploi, condition* ; et il cite comme exemples la profession du médecin, la profession de l'avocat etc..... Il
faut donc penser que le législateur, sans donner à ces
deux expressions une valeur particulière, n'a voulu en

les rapprochant que rendre sa formule très large et
très générale. C'est une redondance écrite dans la loi
afin de prévenir des interprétations trop strictes. Pour
déterminer qui sont les dépositaires des secrets visés
dans l'article 378, la lettre du texte ne nous fournit
donc aucune lumière.

Nous avons souvent désigné les personnes obligées
au secret, par l'expression de *confidents nécessaires*. Car
elle nous a paru bien rendre la pensée du législateur.
Nous l'avons maintes fois répété, c'est pour rassurer le
public, qui ne peut se passer de certains ministères,
qu'on a puni certaines révélations. La confidence n'est
protégée par l'article 378 que si elle a été *obligatoire*. Le
malade est bien forcé de s'adresser à un médecin et le
plaideur à un avocat. Là est toute la raison d'être de
l'article 378, mais là aussi est sa limite.

La loi, les mœurs ou la tradition ont investi certaines
personnes d'une fonction de confiance. C'est à ces personnes que s'appliquera la loi du secret professionnel et
à ces personnes seulement.

Là où ces conditions font défaut, on ne saurait appliquer l'article 378 du Code pénal. Nous ne pouvons, par
exemple, admettre la théorie suivante qu'a consacrée
par arrêt du 10 janvier 1884 la Cour de cassation : « Le
commissaire de police appelé comme témoin peut se
retrancher derrière le secret professionnel pour ne pas
livrer à la publicité des débats, les noms des personnes
desquelles il tient les renseignements qu'il apporte à

l'audience. Il n'y a pas dans cette réserve du témoin une violation de l'article 317 du Code d'instruction criminelle obligeant le témoin à déclarer *toute la vérité* » (1). Si l'article 317 du Code d'instruction criminelle n'est pas violé, c'est sans doute qu'il y a une loi dispensant le commissaire de police de dire « toute la vérité » : car on ne peut sérieusement soutenir que le témoin, apportant à la justice des renseignements de seconde main, a dit « toute la vérité », lorsqu'il a caché les noms des premiers délateurs. Cette loi, qui légitime le refus de déposer du commissaire, ne peut être que l'article 378. Cette fonction de police est-elle donc de celles qui sont soumises à l'obligation du secret ? On ne peut vraiment le soutenir. La police n'a qu'un rôle : rechercher les malfaiteurs, les livrer à la justice, et fournir toutes les preuves des crimes. Lorsqu'une personne apporte des renseignements à un commissaire de police, elle agit ainsi soit pour être payée de son service, soit dans la pensée plus élevée de servir l'intérêt social. Mais le dénonciateur a-t-il un seul instant pu espérer rester dans l'ombre ? c'est lui-même qui s'est constitué témoin. S'il a fait des révélations par cupidité, il n'a vraiment gagné son salaire que la justice une fois complètement instruite. Si c'est le désir de servir la société toute entière qui l'a guidé, comment pourrait-il se plaindre que son nom fût prononcé en pleine au-

____

(1) *Gazette des Tribunaux*, 12 janvier 1884.

dience? — Il ne pouvait y avoir en pareille circonstance *présomption de discrétion*, puisque la justice se rend publiquement et que, l'instruction terminée, il n'est pas un témoignage, pas une preuve qui ne doive reparaître dans son intégrité devant le jury. Le ministère d'un fonctionnaire de la police ne peut ni ne doit faire espérer la discrétion, puisque, tout au contraire, son objet est la divulgation de tous les secrets utiles à la justice.

Les agents de police pourraient à la vérité tirer quelque profit de cette jurisprudence fort encourageante pour les délateurs. Mais il ne faut pas oublier que l'obligation du secret a été consacrée par la loi non pas dans l'intérêt de ceux qui reçoivent le dépôt du secret mais dans l'intérêt de ceux qui le confient. Or quel intérêt légitime peut avoir à ne pas être connue la personne qui prétend éclairer la justice sur un fait criminel ?

Cet exemple indique bien quelle ligne de démarcation il faut tracer entre les professions qui échappent aux sanctions de l'article 378 et celles qui doivent y être soumises.

Si large que soit la formule de l'article 378, certains jurisconsultes, et avec eux la jurisprudence, ont refusé d'y comprendre *les aides et auxiliaires* des personnes astreintes au secret professionnel. La Cour de cassation, par un arrêt du 8 décembre 1864, a déclaré « que les dispositions restrictives de l'article 378 ne sauraient être étendues à ceux qui, sous la direction d'un médecin, sont appelés accidentellement à soigner un malade (1) ». La question doit être généralisée ; et l'on peut se demander si l'article du Code pénal ne doit pas être étendu à tous ceux qui font en quelque sorte l'apprentissage d'une profession soumise au devoir du secret.

Nous repoussons la jurisprudence de la Cour de cassation. Quand le législateur a parlé *d'état* et de *profession*, il n'a fait nulle distinction entre les diplômés et ceux qui ne le sont pas. Puis, quand il a reconnu la nécessité du secret, il a entendu à n'en pas douter établir pour les citoyens des garanties sérieuses. Celles-ci deviendraient vite illusoires, si l'on s'engageait dans la voie ouverte par l'arrêt de 1864. Le médecin devra taire la maladie de son client ; mais l'élève en médecine, qu'il a appelé à son aide, sera libre de parler. Le dossier du plaideur sera un secret pour l'avocat ; mais le secrétaire, chargé d'examiner et de disposer les pièces de l'affaire, pourra les livrer à la publicité. Le notaire, l'avoué seront muets sur les confidences qu'ils auront reçues au cours de pourparlers ou de transactions ; mais il sera permis aux clercs qui auront assisté à ces débats de les révéler à qui leur plaira. Une pareille théorie serait la suppression pure et simple du secret professionnel. On ne peut vraiment soutenir que les internes et externes des hôpitaux, les élèves sages-femmes, les secrétaires des avocats, les clers des officiers

____

(1) D. P. 67. 5. 431.

ministériels ne soient par *état*, sinon par profession, dépositaires des secrets qu'on leur confie.

Nous avons dit que c'est au *confident nécessaire* que s'applique l'article 378. Mais *tous* les confidents nécessaires tombent-ils sous le coup de la loi pénale quand ils révèlent les secrets qu'on leur a confiés ?

Il faut faire ici une seconde distinction. Nous reconnaissons qu'elle n'est pas écrite dans les textes ; mais elle se dégage avec une telle évidence des travaux préparatoires, elle est si naturelle que nous ne pouvons nous refuser à l'admettre. L'article 378 est applicable aux secrets des *particuliers* mais non aux secrets d'*État* ; les fonctionnaires des administrations publiques et en particulier les diplomates ne sont pas légalement astreints à l'obligation du secret (1).

Sans y attacher plus d'importance qu'il ne convient, remarquons tout d'abord la place qu'occupe l'article 378 dans le Code pénal ; il est placé sous la rubrique : *Crimes et délits contre les particuliers*. Or il y a dans le Code un titre intitulé : *Crimes contre la chose publique*, où sont énumérés un très grand nombre de crimes que peuvent commettre les fonctionnaires dans l'exercice de leurs fonctions : soustractions, détournements, concussions.

En 1810, au Corps législatif, M. Faure et M. Monseignat exposaient la pensée qui avait inspiré l'article 378 d'une façon qui ne peut laisser place à aucune équi-

---

(1) Nous n'entendons parler ici, bien entendu, que de l'obligation légale résultant de l'article 378.

voque. Le premier parlait de révélations « qui ne tendent à rien moins qu'à montrer des traîtres dans ceux dont l'état ne semble devoir offrir que des *êtres bienfaisants et de vrais consolateurs* ». Est-ce des diplomates qu'il est ici question ? Le second disait : « Combien ne voit-on pas de personnes dépositaires de secrets dus à leur état sacrifier leur devoir à la causticité, se jouer des sujets les plus graves, alimenter la malignité par des révélations indécentes, des anecdotes scandaleuses et déverser ainsi la honte sur les *individus* en portant la désolation dans les *familles* ». *Individus, familles*, dit le législateur ; mais il ne parle pas un instant de l'État ou de la chose publique.

Il faut donc bien séparer les secrets des particuliers et les secrets d'État. Les premiers sont seuls protégés par l'article 378. Les professions, qui amènent ceux qui les exercent à connaître des secrets d'État, sont en dehors de cette loi pénale.

Est-ce à dire que la société soit désarmée contre l'indiscrétion coupable des diplomates ou autres fonctionnaires dépositaires des secrets d'État ? Nullement. Sans compter la révocation et la suspension, mesures administratives, ceux-ci peuvent être exposés aux peines les plus sévères, lorsque l'indiscrétion devient une trahison. L'article 80 du Code pénal est ainsi conçu : « seront punis des peines exprimées en l'article 76 tout fonctionnaire public, tout agent du gouvernement ou toute autre personne qui, *instruite ou chargée officiellement ou à raison de son état du secret d'une négociation ou d'une expédition*, l'aura livré aux agents d'une puissance étrangère ou de l'ennemi ». Cet article comme tous ceux qui l'entourent suppose l'état de guerre. Il suffit de rapprocher cet article de l'article 378 pour s'apercevoir que ce dernier ne saurait être applicable, quand il ne s'agit plus des secrets des particuliers.

Justifiée par les textes, cette opinion n'est-elle pas aussi la plus rationnelle? Qu'est-ce donc que ce secret d'État que Voltaire dans une lettre à d'Argental appelle déjà « le secret de la Comédie » ?

Dans le livre qu'il a consacré à l'*Affaire du Luxembourg*, M. Rothan a raconté, comme un fait insolite au Ministère des affaires étrangères, que M. de Moustier, alors ministre, chiffrait et déchiffrait lui-même les dépêches qu'il échangeait avec Berlin et la Haye. Le directeur des affaires politiques ne fut même pas mis dans le secret des négociations. C'est là un fait demeuré légendaire au ministère. Ordinairement une dépêche adressée par un ambassadeur au ministre passe sous les yeux de plus de vingt personnes. Tous ces intermédiaires sont les plus discrets du monde ; et ce secret reste un secret pour eux et même un secret entre eux. Mais que nous sommes loin du secret dont l'article 378 punit la révélation et qui n'existe qu'entre deux personnes, le médecin et son client !

En droit, la question ne s'est jamais franchement posée devant les tribunaux.

Dans l'enquête parlementaire qui fut faite sur le gou-

vernement de la Défense nationale, des diplomates furent
interrogés. M. Benedetti et M. de Gramont se retran-
chèrent plus d'une fois derrière le secret professionnel.
La commission ne crut pas devoir insister. Mais c'était
là une commission politique interrogeant des hommes
politiques et s'inclinant devant des convenances politiques.

Plus récemment, lorsque M. Roustan intenta un procès en diffamation à des journalistes parisiens, MM. Bar-
thélemy Saint-Hilaire, ex-ministre des affaires étrangères, Waddington, Herbette, de Billing, Gay-de-Tunis,
etc... diplomates en activité ou en retraite, furent cités
comme témoins devant la Cour d'assises. Une lettre du
ministre des affaires étrangères, lue à l'audience par le
Président de la Cour, les releva tous du secret professionnel. Mais personne ne fit allusion à un obstacle juridique qui eût pu empêcher ces dépositions.

A la même époque un ancien diplomate emplissait les
colonnes de journaux de lettres et de notes où il trahis-
sait à chaque ligne le secret professionnel. Il n'est venu
à l'idée de personne qu'on pût s'armer contre lui de l'article 378.

Mais si le problème de droit n'a jamais été discuté
devant un tribunal français, un événement survenu
en Roumanie, en 1881, a attiré l'attention des jurisconsultes sur la révélation des secrets d'État. L'article 305
du Code pénal roumain est la traduction littérale de
notre article 378. M. Callimaki-Catargi, ministre pléni-

potentiaire de Roumanie à Paris, avait été destitué par
son gouvernement pour avoir remis à l'Angleterre une
note agressive vis-à-vis de l'Autriche, sans avoir au préalable pris l'avis de ses chefs hiérarchiques. Le ministre
des affaires étrangères motiva la destitution par une note
assez dure pour M. Callimaki-Catargi. Celui-ci afin de
se justifier publia à Paris une brochure où il reprodui-
sait certains documents diplomatiques au plus grand mépris du secret professionnel. En Roumanie l'affaire causa
un grand scandale. Double interpellation à la Chambre
et au Sénat : on réclamait la mise en accusation du
fonctionnaire infidèle. Au Sénat, M. Gradisteano, jurisconsulte distingué, appuyait sa motion sur l'article 305 et cherchait à réfuter l'objection que nous dé-
veloppions plus haut : le texte ne vise que les secrets des
particuliers. M. Statesco, ministre des affaires étrangères, déclara qu'à ses yeux une pareille poursuite était
périlleuse et qu'on pouvait craindre de nouvelles divulgations. Quant à la question de droit, une nouvelle loi
pouvait, selon lui, seule la trancher (Séance du 22 décembre 1881). Le ministre déposa un projet de loi sur
la *Révélation des secrets par les agents diplomatiques*.
Mais de guerre lasse la Chambre, rebutée par les mille
difficultés auxquelles elle se heurtait, laissa tomber le
projet. L'affaire en est restée là.

Laissons donc de côté le secret des diplomates. Sans
croire avec Figaro que toute la politique consiste « à
avoir pour grand secret de cacher qu'il n'y en a point »,

on peut reconnaître qu'elle serait bien illusoire la loi qui prétendrait frapper les diplomates indiscrets. La crainte d'un procès, qui aura toujours les apparences d'un procès politique, ne découragera jamais les rancunes d'un fonctionnaire qui veut à tout prix se venger.

L'article 378 n'a rien à voir avec les secrets appelés secrets d'État. Tout le démontre : les travaux préparatoires, la place occupée par le texte dans le Code pénal, la nature même de ces secrets confiés à tant de confidents.

Voilà aussi nettement circonscrits que possible les cas dans lesquels on pourra appliquer l'article 378. Pour qu'il y ait secret professionnel, au sens légal du mot, il faut :

1° Que la discrétion soit parmi les nécessités absolues de la profession.

2° Que les secrets confiés soient ceux des particuliers.

Il nous reste à étudier les professions que les auteurs ou la jurisprudence ont soumises à l'article 378 ; à propos de chacune d'elles, nous discuterons les hypothèses spéciales où l'application des principes généraux peut soulever quelque difficulté.

§ 2. — *Ministres du culte.*

« *Non liceat clericum ad testimonium devocari eum qui præses vel cognitor fuit* » est-il dit dans le 63ᵉ canon du concile de Carthage. Cette doctrine fut toujours celle des théologiens. L'inviolabilité du secret de la confession fut même reconnue par les légistes et consacrée par les sanctions pénales les plus terribles. Les Parlements se montrèrent toujours d'une extrême sévérité pour les prêtres qui trahissaient la confiance du pénitent. Le Parlement de Paris condamna le nommé Bruchot, confesseur des religieuses de l'abbaye de la Saussaye, à être pendu et brûlé, ses cendres jetées au vent, pour abus, sacrilège, profanation du sacrement de pénitence (22 juin 1672). Le respect de la confession était si grand que dans le procès de la marquise de Brinvilliers on n'eut aucun égard à une confession générale écrite de sa main et trouvée parmi ses papiers : elle s'y accusait pourtant d'avoir empoisonné son père, deux frères et d'avoir attenté à la vie d'une de ses sœurs. Merlin rapporte aussi un arrêt du Parlement de Normandie dans l'affaire de la demoiselle Brachon de Beuvillier : « Cette demoiselle avait déclaré au tribunal de la confession qu'elle avait voulu assassiner le curé de St-Laurent de la ville de Rouen et brûler sa maison ; son confesseur trahit le secret de la confession, et la demoiselle Brachon fut dénoncée au ministère public. Le procès avait été porté au Parlement ; elle fut déchargée de l'accusation intentée contre elle sur la révélation qui avait été faite de sa confession (1) C'est encore Merlin (2) qui cite un très curieux arrêt du Parlement de Flandre de la fin du XVIII⁰ siècle : « On avait fait entendre le nommé Lam-

(1) Merlin, *Rép.* v⁰ *Confesseur.*
(2) *Ibid.* v⁰ *Témoin judiciaire.*

bert Waroux sur des faits dont il disait avoir ouï furtivement la dame Rogier s'accuser à son confesseur dans le tribunal de la pénitence ; et le juge de Maubeuge avait eu l'imprudence de recevoir cette déposition. Mais la cause ayant été portée au Parlement de Flandre, la Cour, par arrêt du 5 août 1776, faisant droit sur les conclusions du procureur général du roi, a ordonné à Lambert Waroux, témoin ouï en ladite enquête, d'être plus circonspect à l'avenir et a fait défense aux parties de produire et aux juges de recevoir pareilles dépositions, sous telles peines qu'il appartiendra ».

Une seule exception était faite à la règle de l'inviolabilité du secret de la confession : c'était au cas de crime de lèse-majesté. Les théologiens et avec eux Farinaccius (1) (*Quæst.* 51 num. 99, 100-101) soutenaient que le confesseur, dénonçant un tel crime, était *excusé* et le laissaient par suite libre de se taire. Mais la doctrine et la jurisprudence faisaient en pareil cas de la révélation un devoir impérieux. Louis XI (22 décembre 1477) enjoignait « *à toute personne quelconque* » de dénoncer les crimes qui pouvaient menacer la personne du roi. Au procès du connétable Charles de Bourbon, la Cour ordonna que frère Pierre Marin, confesseur de l'accusé, viendrait en personne pour répondre sur tous les points concernant le procès. On pourrait citer bien d'autres exemples semblables.

L'article 378 doit-il aujourd'hui être appliqué au

(1) Cité par Muteau (*op. cit.*).

prêtre ? Il semble difficile de trouver un état qui mieux que l'état sacerdotal puisse être soumis à cette disposition pénale. On pourrait même dire que le secret imposé au confesseur est le type du secret professionnel. La confiance du pénitent doit être absolue, et absolue doit être la discrétion du prêtre. Nulle part on n'aperçoit aussi clairement qu'ici l'impossibilité de faire fléchir le devoir du secret.

La jurisprudence a reconnu sans réserve l'obligation du prêtre. L'année même de la promulgation du Code pénal la Cour de cassation a rendu à ce sujet un arrêt intéressant (Aff. Lavaine, 30 nov. 1810). Cette décision nous frappe à cause de deux particularités :

1° Il n'y est pas question de l'article 378. — L'arrêt de la Cour proclame pourtant que le secret de la confession est inviolable. Mais il est fondé sur les lois qui protègent l'exercice du culte (concordat et loi du 18 germinal an XI) ainsi que sur « la morale et l'intérêt de la société ».

2° Cette décision ne couvre point du secret professionnel les seules confidences reçues « dans un acte religieux et sacramentel de confession », mais elle va plus loin : elle déclare inviolables toutes les confidences que le prêtre a reçues à cause du caractère sacré de son ministère. « Attendu que dans cette espèce, si la révélation faite au prêtre Lavaine n'a pas eu lieu réellement dans un acte religieux et sacramentel de confession, elle n'a été déterminée que par le secret qui était dû à cet acte ; que c'est dans cet acte et sous la foi de son inviolabilité que le révélant a voulu faire sa révélation ; que de son côté le prêtre Lavaine a cru la recevoir sous la bonne foi et sous la confiance de l'un et de l'autre, lesquels ne peuvent être trompés par une forme qui, n'étant relative qu'à l'effet sacramentel de la confession, ne peut en anéantir les obligations extérieures ou civiles ».

La base que donne l'arrêt de 1810 à la théorie du secret sacerdotal nous paraît bien fragile. Si la législation française ne contenait sur cette question que les textes généraux du Concordat et de la loi de germinal an XI, il faudrait, croyons-nous, que le prêtre se soumît à l'article 80 du Code d'instruction criminelle comme tous les témoins cités en justice. Une pareille dérogation au droit commun doit être spécifiée dans un texte spécial. L'article 378 est applicable au prêtre : seul il doit être invoqué en pareille matière.

Quant à la règle posée par le même arrêt que le prêtre doit garder les secrets qui lui sont confiés à raison de son ministère, même en dehors de la confession, elle est conforme à l'interprétation que nous avons dès le principe donnée de l'article 378. M. Lavaux (1) rapporte que la Cour de Caen aurait condamné un prêtre pour avoir divulgué une confidence qui ne lui avait pas été faite d'une façon sacramentelle. Malheureusement M. Lavaux n'a pas indiqué la date de cet arrêt. M. Muteau l'a vai-

____
(1) Lavaux, *op. cit.*

nement recherché ; nous n'avons pas été plus heureux que lui.

De cette règle établie par la jurisprudence nous pouvons tirer une conclusion importante : le devoir du secret ne pèse pas seulement sur le prêtre catholique mais aussi sur les ministres de tout autre culte. Il faut aller plus loin et étendre la même obligation aux membres des congrégations religieuses (*contrà* : M. Legraverend). La sœur de charité, au chevet d'un mourant, reçoit des confidences qui sont aussi secrètes et aussi intimes que celles adressées à un prêtre. C'est son vêtement, son « état » qui a inspiré la confiance du mourant.

§ 3. — *Avocats.*

L'avocat est celui des confidents nécessaires à qui la jurisprudence a imposé avec le plus de rigueur le devoir du secret. Nous avons vu qu'en ce qui le touche elle n'a jamais considéré que les confidences « faites expressément sous le sceau du secret » fussent les seules légalement protégées ; elle lui laisse le soin de déterminer à son gré quelles révélations lui sont interdites par le devoir professionnel ; enfin elle déclare que cette obligation est pour lui « absolue », d'ordre public », qu'il *doit s'abstenir* des réponses que la loi *interdit*. Les tribunaux, très enclins à affaiblir la règle de l'article 378, ont paru résister quelque peu à cette tendance, toutes les fois qu'il s'est agi des avocats (Cf. surtout Cass., 11 mai 1844 et 24 mai 1862).

Ce régime tout particulier, que la jurisprudence a fait au barreau, doit être attribué à l'influence des anciennes traditions. La vie commune, qui rapproche les magistrats et les avocats, a permis aux uns de sentir la nécessité absolue de la discrétion qu'impose aux autres la règle professionnelle.

Consacré par la loi romaine (1), le devoir de discrétion a été affirmé par tous les vieux jurisconsultes français. (Imbert, *Pratique judiciaire*, liv. I, ch. 62 ; Serpillon, *Code criminel*, tome I, p. 429 ; Muyart de Vauglans, etc...) Mais Mornac rapporte une jurisprudence contraire du Parlement de Paris et fait même mention d'un arrêt du 17 mai 1605 : il s'agissait d'un retrait lignager, *in retractu gentilitio, in quo reus excipiebat de fraude admissa ab actore*, « sur quoi Mornac dit que l'ancienne jurisprudence du Parlement de Paris était qu'on n'exigeait point des avocats ni des procureurs qu'ils déposassent contre leurs clients ; il ajoute qu'il y avait même sur cela un règlement en forme d'arrêt général dont il est fait mention dans Jean Lecoq : *vetus de eo senatusconsultum est apud Joan-Gall, quæst*. 98, mais qu'à présent la jurisprudence est changée et qu'on oblige les avocats et les procureurs de parler quoique les plus célèbres jurisconsultes de ces temps-là aient fait tous leurs efforts pour maintenir l'ancien usage ». (Pierre Raviot ; cité par M. Muteau.)

---

(1) « Mandatis cavetur ut præsides attendant ne patroni, in causâ, cui patrocinium præstiterunt, testimonium dicant. — *Digeste*. XXII. V. 25.

Mais cette jurisprudence du Parlement de Paris ne dura point. Car Merlin (1) cite un arrêt où le Parlement adopte tout juste le principe contraire. Un avocat avait été recherché pour faire connaître le nom d'une personne qui avait reçu un dépôt, à l'occasion duquel il avait été consulté. Le Parlement décida que rien ne pouvait l'obliger à dénoncer le dépositaire (27 janvier 1728). Cette doctrine était devenue générale et incontestée à la fin de l'ancien régime.

En 1826, quand l'occasion se présenta de régler la question, vingt-cinq des plus anciens avocats de la Cour de cassation rédigèrent une consultation où ils démontraient que l'article 378 était la consécration des anciennes traditions du barreau : « L'inviolabilité du secret, disaient-ils, n'est pas seulement pour les avocats un principe d'honneur ; elle est de l'essence de leur ministère. Sans l'inviolabilité du secret, point de confiance ; sans confiance, l'avocat ne peut ni conseiller ni plaider en connaissance de cause ».

Ce sont ces règles professionnelles de l'ordre des avocats que la jurisprudence moderne a sanctionnées dans ses arrêts. Leur rigueur, beaucoup plus que l'article 378 du Code pénal, a inspiré ces décisions. Aussi la Cour de cassation, tout en reconnaissant que le secret est pour l'avocat « d'ordre public », n'a jamais admis cette théorie que même en justice la révélation est un délit, théo-

____

(1) Merlin, *Rép.* v° *Avocat.*

rie qui, nous l'avons montré dans le chapitre II, découle logiquement du texte pénal.

C'est cette même disposition formelle du Code pénal qui nous force à écarter les distinctions que prétend faire M. Carré (art. 222, p. 456, note 30) entre les matières civiles et les matières criminelles. Repoussons aussi le système de M. Legraverend (1) qui au nom de l'intérêt social veut contraindre l'avocat à trahir les secrets de son client. Il faut cependant citer le passage dans lequel Dalloz critique cette thèse : car il démontre à la fois combien est fausse la théorie de M. Legraverend et combien illogique celle de Dalloz. — « Dans quelle affaire ne pourrait-on pas se prévaloir de cet intérêt ? — On répond il est vrai que la Cour ou le Tribunal seront juges de l'opportunité, de la nécessité de la révélation et que derrière leur jugement, la conscience de l'avocat se trouvera en sécurité. — Mais si la conscience de l'avocat devient calme et paisible, il faut convenir que, la crainte, la défiance, l'inquiétude devraient s'emparer de l'âme de tous ceux qui ont fait des confidences à leurs défenseurs, c'est-à-dire de tous les accusés, de tous les plaideurs. On n'entrerait qu'en tremblant dans le cabinet d'un avocat ». (2) On ne peut mieux démontrer les dangers que présenterait la doctrine de M. Legraverend. Mais, poussant ce raisonnement jusqu'au bout, on doit arriver à une application

(1) *Législation criminelle*, p. 235.
(2) Dalloz, *Rép.* v° *Avocat.*

complète et absolue du Code pénal. Cette crainte, cette défiance, cette inquiétude, n'est-ce point pour les prévenir que l'article 378 a été placé au Code ? En faisant passer du magistrat à l'avocat lui-même le soin de juger l'opportunité du témoignage, aura-t-on fait cesser les justes alarmes de tous les accusés et de tous les plaideurs ? Pour faire disparaître « la crainte, la défiance et l'inquiétude », il faut que de pareilles dépositions soient interdites. C'est ce qu'a fait l'article 378. Dalloz donne toutes les raisons qui plaident en faveur d'une prohibition absolue et par une inconséquence inexplicable il s'arrête à une *prohibition facultative* (1).

Le devoir de discrétion domine donc toute la profession de l'avocat. Mais celui-ci ne pourra le remplir que si certaines prérogatives lui sont accordées.

Il faudra tout d'abord que l'avocat du criminel puisse communiquer confidentiellement avec celui dont les intérêts lui sont confiés. Le décret des 8-9 octobre 1789 (art. 10) portait : « L'accusé, décrété de prise de corps pour quelque cause que ce soit, aura le droit de choisir un ou plusieurs conseils avec lesquels il pourra conférer *librement,* en tout état de cause, et l'entrée de la prison sera toujours permise aux dits conseils ». Ni le Code de l'an IV ni le Code d'instruction criminelle n'ont reproduit le mot : *librement.* « Le conseil pourra communiquer avec l'accusé après son interrogatoire », est-il dit dans l'article 302(I. cr.). La jurisprudence refusa tout d'abord

(1) L'expression est empruntée à MM. Chauveau et Hélie.

à l'avocat le droit de se plaindre que des témoins eussent par autorité de justice assisté à ses communications avec l'accusé. — (Cass., 12 juillet 1810 (sous l'empire de la loi de brumaire) et 3 octobre 1822 (sous l'empire du Code d'instruction criminelle). Ce dernier arrêt reconnaît que le procureur général et le président des assises ont pu valablement ordonner que l'accusé ne communiquerait avec son défenseur qu'en présence du geôlier et de gendarmes. Les jurisconsultes, les avocats et même des magistrats s'élevèrent avec tant d'indignation contre ces procédés d'espionnage qui supprimaient la liberté de la défense, que la magistrature dut renoncer à cette pratique et la Cour de cassation à sa jurisprudence. L'avocat put communiquer en toute liberté avec son client.

Malheureusement il subsiste encore aujourd'hui un cas où la loi oblige l'avocat à violer le secret professionnel. L'article 42 du décret du 20 novembre 1822 est ainsi conçu : « L'avocat nommé d'office pour la défense d'un accusé ne pourra refuser son ministère sans faire approuver ses motifs d'excuse ou d'empêchement par les Cours d'assises qui prononceront en cas de résistance l'une des peines déterminées par l'article 18 ». Cette disposition ne s'applique ni à l'avocat qui refuse de se charger d'une affaire civile (Cour de Riom, 11 juillet 1828), ni à celui que le bâtonnier de l'Ordre a commis à la défense d'un accusé. Le premier ne doit compte de son refus à personne. Le second n'en doit compte qu'au conseil de discipline (arrêté du Conseil de l'Ordre des avocats à la Cour de Paris, 4 janvier 1859).

Il est certain qu'en soumettant ses motifs d'excuse à la Cour d'assises, l'avocat sera exposé à dévoiler les secrets que lui a confiés l'accusé dans leurs premières entrevues. Il est donc placé entre l'obligation d'accepter une cause qu'il ne veut pas plaider ou celle de trahir le secret professionnel. Il ne sera plus libre ou ne sera plus discret. On a souvent réclamé l'abrogation de l'article 42 du décret du 20 novembre 1822 mais sans pouvoir l'obtenir (1).

§ 4. — *Avoués.*

Les anciens auteurs regardaient les procureurs comme tenus au même secret que les avocats. « *Procurator* aut advocatus in causa clientis sui in qua vel procurator vel advocatus est testis esse non potest nec debet nec proinde ad testimonium dicendum cogendus est » (Président Favre, *Code*, l. IV, t. 15). Telle était l'ancienne jurisprudence et telle est aussi la jurisprudence moderne. Nous avons déjà cité plus d'un arrêt qui range les avoués parmi « les dépositaires de secret par état ou profession ». Rappelons l'arrêt de la Cour de cassation du 5 avril 1851 (affaire Génestal) qui a étendu le devoir du secret au delà des cas où l'avoué est consulté sur un procès né ou à naître. Toutes les fois que la confidence lui a été faite, à cause de la confiance qui

(1) Mollot, T. II, p. 429.

s'attache à ses fonctions d'officier ministériel, il est condamné au silence.

§ 5. — *Agréés et défenseurs officieux.*

Il n'y a aucun document de jurisprudence qui soumette d'une façon formelle les agréés et les défenseurs officieux devant les justices de paix à la règle de l'article 378.

Cependant on peut déduire sans témérité cette doctrine d'un arrêt rendu le 17 décembre 1858 par la Cour de Rouen.

Dans une enquête ouverte devant le Tribunal civil de Neufchâtel, Me B., avocat, exerçant les fonctions d'agréé près le Tribunal de commerce de Gournay, avait refusé de déposer devant le juge commis à l'enquête, alléguant qu'il n'avait rien appris de l'affaire en dehors de ses fonctions d'agréé et que tout ce qu'il pouvait savoir ne lui venait que de révélations et de confidences qui lui avaient été faites dans le secret du cabinet. — Le tribunal approuve le refus de Me B. et l'arrêt de la Cour de Rouen confirme le jugement (1).

« Attendu....., dit cet arrêt, que Me B., licencié, a été reçu avocat à la Cour royale de Rouen en l'année 1820 ; qu'il s'est fixé immédiatement à Gournay où il n'existe pas de tribunal de première instance et qu'il y a aussitôt publiquement, d'une manière continue, sans réclamation aucune, donné ses avis aux personnes qui

(1) D. P. 59. 2. 163.

le venaient consulter comme avocat et *présenté leur défense orale devant les tribunaux de commerce et de justice de paix* de cette circonscription ; qu'en outre les juges consulaires l'ont agréé comme mandataire habituel des parties appelées devant leur tribunal ; *que, sous l'un et l'autre rapport, ledit* M° *B. a exercé une profession qui exige pour la libre défense des citoyens une confiance sans réserve de la part du client et une discrétion absolue de celui qui prête son ministère dans la mesure où sa conscience lui ordonne de garder le secret* ».

Cette circonstance accessoire, que M⁰ B. était avocat, empêche que l'arrêt de la Cour puisse être directement appliqué aux agréés et aux défenseurs officieux qui n'ont point ce titre. Mais, en lisant les motifs que nous venons de rapporter, on ne peut douter que la qualité d'agréé n'eut été aux yeux des juges suffisante pour imposer le devoir du secret : car ils prennent bien soin de la rappeler en acceptant l'excuse de M° B.

La formule donnée par la Cour de Rouen : « une profession qui exige pour la libre défense des citoyens une confiance etc... » paraît comprendre aussi bien que les agréés les défenseurs officieux ; et à la vérité les termes de l'article 378 : *état et profession* sont assez larges pour permettre cette interprétation.

§ 6. — *Notaires.*

Dans notre ancienne jurisprudence, le plus grand nombre des auteurs plaçaient les notaires avec les avocats et les procureurs parmi les personnes astreintes au secret. (Serpillon, ch. I, p. 448. — Ferrières, v° *Notaire*. —Jousse, ch. II, p. 104.) Cependant Denisart (v° *Notaire*, n° 127) déclare qu'il faut appliquer aux notaires l'article 3 (titre VI) de l'ordonnance de 1670 obligeant à « satisfaire aux assignations... *toutes personnes assignées* » ; et il montre que le Parlement en décida ainsi à plusieurs reprises. « Entre autres arrêts, dit-il, il y en a un du 17 janvier 1743 qui a été rendu sur délibéré conformément aux conclusions de M. l'avocat général Joly de Fleury, la grande chambre assemblée, par lequel la Cour a ordonné que M° Dupont serait tenu de déposer sur le fait des plaintes dont l'objet était de savoir s'il avait été passé une contre-lettre dans une vente de bois ». Denisart cite un autre arrêt dans le même sens du 6 février 1743.

Après la promulgation du Code pénal, il était donc assez malaisé pour les tribunaux de trouver une ligne de conduite dans les précédents de l'ancienne jurisprudence. La tradition ne désignait pas impérieusement le notariat comme une profession où le secret fut légalement indispensable. De là des embarras et des incertitudes, des distinctions et des restrictions.

La Cour de Montpellier (affaire Teyssier, 24 septembre 1827) (1) avait admis qu'un notaire ne doit point déposer sur les secrets qui lui ont été confiés. Même décision avait été rendue en 1828 par le tribunal de

____

(1) Dalloz, *Rép.* v° *Témoin*, 47.

Moulins. Mais le 23 juillet 1830 la Cour de cassation décida (aff. Cressent) (1) que « les notaires ne sont pas compris dans cette désignation générale de l'article 378 *toutes autres personnes,* puisque leurs devoirs et les peines qu'ils peuvent encourir, en cas de violation en cette partie, sont fixés par l'article 23 du 25 ventôse an XI... ». Ce qui n'empêcha pas la Cour de Bordeaux d'adopter le 16 juin 1835 une opinion contraire. Enfin la Cour de cassation, le 10 juin 1853 (affaire Lamarre) (2), fit rentrer le notariat dans la liste des professions visées par l'article 378, mais avec des réserves qu'elle n'a jamais posées, quand il s'est agi des avocats ou des avoués. Cette jurisprudence n'a plus varié : elle est très clairement présentée dans un arrêt du 7 avril 1870.

« Attendu qu'il est de principe fondamental que tous les témoins cités à comparaître devant la justice lui doivent la vérité qu'elle leur demande dans l'intérêt de la société ; — que ceux mêmes, qui, aux termes de l'article 378, sont dépositaires par état ou profession des secrets qu'on leur confie et *parmi lesquels sont rangés les notaires,* ne sont pas dispensés d'une manière absolue de cette obligation générale ; — que cette dispense de l'accomplissement d'un devoir social doit être restreinte, conformément aux règles générales de la matière, aux cas seulement où elle est strictement imposée, à savoir *quand les faits sur lesquels le notaire est interpellé lui ont été ré-*

(1) *Ibid.,* 46.
(2) D. P. 53. 1. 205.

vélés sous le sceau du secret, dans l'exercice de son ministère..... » (1).

La jurisprudence sur les notaires peut donc se résumer en deux propositions 1° ils sont soumis à l'article 378 ; 2° les faits, qu'ils ont appris sous le sceau du secret, sont les seuls qu'ils ne doivent pas révéler.

1° Que les notaires soient soumis à la règle de l'article 378, cela paraît évident à ne considérer que le rôle joué par eux dans la société. Ils ne sont pas de simples rédacteurs d'actes.

On a pu au commencement du siècle se demander si l'article 23 de la loi du 25 ventôse an XI qui organisa le notariat n'écarte pas ici toute application de l'article 378. Cette disposition spéciale est ainsi conçue : « Les notaires ne pourront sans l'ordonnance du président du tribunal de première instance, délivrer expédition ou donner connaissance des actes qu'aux personnes intéressées en nom direct, héritiers ou ayant droit, à peine de dommages et intérêts, d'une amende de cent francs et d'être, au cas de récidive, suspendus de leurs fonctions pendant trois mois ». On a pu alors discuter sur ce texte : les uns y voyant une véritable consécration du secret professionnel pour les notaires, les autres n'y trouvant qu'un règlement sur le dépôt des minutes dont les notaires demeurent nantis. Mais aujourd'hui la controverse est devenue inutile. Car la profession des notaires

(1) D. P. 70. 1. 185.

s'est transformée et élargie. M. Faustin Hélie, qui, dans l'affaire Lamarre, se montra, comme conseiller rapporteur à la Cour de cassation, peu disposé à appliquer l'article 378 aux notaires, est pourtant bien obligé de reconnaître (1) l'évolution des mœurs. « Les notaires, dit-il, ne sont plus seulement les rédacteurs des transactions civiles ; mais ils sont devenus les conseils habituels des familles, les dépositaires de leurs projets, de leurs embarras secrets, de toutes leurs affaires ».

C'est ainsi que le notariat est devenu l'une des professions pour lesquelles la sauvegarde de l'article 378 est essentielle.

2° La jurisprudence, nous l'espérons, ne s'en tiendra pas là et effacera la singulière restriction qu'elle a apportée au secret professionnel du notaire. Pourquoi veut-on que la confidence ait été faite au notaire *sous le sceau du secret* ? M. Plougoulm, avocat général à la Cour de cassation, déclarait, dans l'affaire Lamarre, que les notaires sont « non seulement les conseils des parties, mais en quelque sorte des confesseurs judiciaires ». Ce qui a été jugé pour le confesseur doit donc être jugé pour le notaire. Certaines confidences doivent rester secrètes, même si la recommandation du silence n'a pas été faite expressément. En recevant un testament, en préparant un contrat de mariage, un notaire reçoit de son client la confidence qu'un legs ou bien une donation n'est que la réparation d'une faute passée ; —

(1) *Instruction criminelle*, 2ᵉ édit., IV, p. 481.

sera-t-il donc nécessaire pour qu'il y ait secret légal que le client ait imposé la discrétion au notaire ?

§. 7. — *Agents de change.*

L'obligation de garder le secret sur les opérations dont ils sont chargés a toujours existé pour les agents de change. Mais ce devoir leur est-il imposé simplement par l'arrêté du 27 prairial an X, ou est-il sanctionné par l'article 378 du Code pénal ? C'est ce que nous révèlera une rapide étude des différents textes de loi relatifs à la profession.

L'article 36 de l'arrêt du conseil du 24 septembre 1724, conforme à l'édit de 1705 et à l'arrêt du conseil du 24 mars 1711, est ainsi conçu : « Les agents ne pourront nommer dans aucun cas les personnes qui les auront chargés de négociations, auxquelles ils seront tenus de garder un secret inviolable... et ceux qui seront convaincus de prévarication seront condamnés à réparer le tort qu'ils auront fait, et en outre aux peines portées par l'article 29 ». (Destitution et 3.000 livres d'amende payables par corps dont moitié pour le dénonciateur et moitié pour l'hôpital général.)

Ce texte est-il encore aujourd'hui applicable ? Nous ne le croyons pas. Car nous le trouvons reproduit à l'article 19 de l'arrêté du 27 prairial an X, moins les pénalités qui, en 1724, sanctionnaient le devoir des agents de change. Il y a donc eu là abrogation. Cette nouvelle disposition est ainsi conçue : « les agents de change doivent garder le secret le plus inviolable aux personnes qui les ont chargés de négociations, à moins que les parties ne consentent à être nommées ou que la nature des opérations ne l'exige ». Ainsi l'arrêté de prairial établit l'inviolabilité du secret, sauf deux réserves : 1° si les parties ont consenti à la révélation ; 2° si la nature des opérations l'exige. Les auteurs et la jurisprudence en ont ajouté une troisième : si la révélation est sollicitée par la justice. Examinons isolément ces trois hypothèses :

1° *Consentement des parties.* — C'est là une restriction très grave à la règle du secret et nous aurons tout à l'heure à en tirer d'importantes conséquences. Ici constatons que la jurisprudence a interprété largement cette disposition (Cour de Lyon, 31 juillet 1883) (1). Cet arrêt a décidé que quand les parties ont traité directement entre elles et que l'agent de change n'a été requis qu'à cause de la défense faite aux particuliers de négocier eux-mêmes à la Bourse, le vendeur et l'acheteur se connaissent et que là où il n'y a pas de secret, l'agent de change n'a rien à cacher. — Cette décision est la conséquence logique de la première exception apportée par l'arrêté de prairial à l'obligation du secret professionnel.

2° *Opérations qui par leur nature n'exigent pas le secret.* — Dalloz cite comme exemples les transferts de rente faits dans l'intérêt d'un incapable ou d'un établis-

(1) D. P. 84. 2. 181.

sement public. « Les autorisations, ajoute-t-il, qu'il faut obtenir avant de les opérer rendent la discrétion de l'agent de change superflue ».

Mais il ne faut pas s'en tenir à ces cas trop évidents : et, puisque la loi permet aux parties de relever les agents de change du secret professionnel, c'est l'intérêt des parties qu'il faut consulter pour déterminer les opérations qui par leur nature n'exigent pas le secret.

La jurisprudence considère comme telles toutes celles qui peuvent donner lieu à une action directe de l'un des contractants contre l'autre.

La Cour de cassation a fait une intéressante application de ce principe dans un arrêt du 8 août 1882.

L'assemblée générale des actionnaires d'une société anonyme avait autorisé la conversion des actions nominatives en titres au porteur, quoiqu'elles n'eussent pas encore été libérées de moifié. C'était une violation de l'article 3 de la loi du 24 juillet 1867. Les délibérations devaient donc être annulées. — Cette nullité prononcée, la Cour décida que l'actionnaire qui avait vendu son titre, devenu de titre nominatif titre au porteur, ne devait pas être condamné comme garant du vice caché et qu'il pouvait recourir contre son acquéreur pour paiement de ce qui restait dû sur le montant des actions ainsi cédées. — C'est alors que se posa la question du secret des agents de change : cet acquéreur se trouvait avoir lui-même chargé un agent de change de négocier ses titres ; ceux-ci étaient ainsi passés aux mains d'un tiers in-

connu, à qui une remise avait été faite sur le prix d'a-
chat, à charge de parfaire les paiements non encore
effectués. En dernière analyse c'était ce tiers inconnu
qui devait payer. L'agent de change devait-il faire connaître au vendeur le nom du nouvel acquéreur, sous peine
d'avoir à indemniser le premier cédant des condamna-
tions prononcées contre lui ?

L'arrêt de la Cour imposa cette révélation à l'agent
de change.

On disait dans l'intérêt de l'agent de change : « à moins
que la nature de l'opération ne l'exige », signifie que la
révélation s'imposera, quand il résultera du contrat, dont
l'agent est l'intermédiaire, un principe d'action de l'un
des contractants contre l'autre. Mais il s'agit ici de titres
au porteur, transmissibles par la simple tradition : « l'intermédiaire ne saurait être obligé à reconstituer, par ses
révélations, la chaîne des transmissions successives ».

En l'espèce la réponse était facile : 1° l'action en garantie était ici parfaitement légitime et son principe dé-
rivait bien du contrat où l'agent de change avait joué le
rôle d'intermédiaire ; 2° il ne s'agissait pas en l'espèce
de titres au porteur mais bien de titres nominatifs,
puisque la justice, annulant les délibérations de l'assemblée générale, rendait leur vrai caractère à ces titres ir-
régulièrement convertis (1).

Mais il ne suffirait pas, pour légitimer la révélation
du secret par l'agent de change, qu'il y ait intérêt pour

(1) D. P. 83. 1. 241.

le souscripteur à connaître les noms des détenteurs intermédiaires par les mains desquels un titre a pu passer ; — il faut que son recours dérive *du contrat de cession*.

C'est ce que la Cour de cassation a décidé par un arrêt du 29 juin 1885 (1).

Ce qui distingue cette espèce de l'espèce jugée en 1882, c'est qu'en 1885 la Cour se trouve en face de titres régulièrement convertis en titres au porteur. Cette distinction est capitale. Tous les arguments présentés en 1882, en faveur du secret des opérations, retrouvent ici leur force.

Il faut citer les termes de l'arrêt de 1885. Car la théorie y est déduite avec une extrême rigueur.

« Attendu que, d'après le pourvoi, la cession d'actions non entièrement libérées dans une société anonyme sur lesquelles le cédant serait tenu de verser les sommes encore dues, en cas d'appel de fonds de la société, emporterait, de la part du cessionnaire, obligation de rembourser les dites sommes au cédant ; — attendu qu'il s'agissait, dans la cause, d'actions au porteur négociées après qu'une délibération de l'assemblée générale des actionnaires avait autorisé la négociation des actions sous cette forme ; — attendu que la forme au porteur est par elle-même exclusive de l'engagement allégué par le pourvoi ; qu'il est, en effet, de l'essence du titre au porteur, de n'établir aucun lien entre les

(1) D. P. 85. 1. 385.

porteurs successifs ; que la transmission qui en est faite
a simplement pour effet de rendre le nouveau porteur
membre de la société anonyme et de l'obliger *envers elle,*
les droits que lui confère sa qualité d'associé étant in-
séparables des obligations qu'elle impose ; mais que,
du moment où par une cession nouvelle il a lui-même
transporté à autrui cette qualité d'associé, il ne saurait
pas plus être recherché par le cédant que par la société
elle-même, à raison d'obligations qui ont pris fin avec
la détention des titres ; *qu'il s'ensuit que le cédant, dans
le cas ci-dessus prévu où il est obligé de libérer les actions
par lui cédées, n'a de recours que contre leur détenteur
actuel, sur qui porte, en droit, la charge définitive du
paiement ; — attendu, en outre, que ce recours du cédant contre le détenteur des titres ne tire point son origine
du contrat de cession, mais uniquement de ce fait,
qu'ayant payé à la société la dette du détenteur, le cédant
se trouve subrogé par cela même aux droits et actions de
la société contre lui ; —* d'où la conséquence que,
n'ayant pas plus de droits que la société elle-même et
n'en puisant aucun dans la nature de l'opération qu'il
avait faite à la bourse de Lyon par l'intermédiaire de
Thouverey, *l'Omnium marseillais* était, dans l'espèce,
sans action contre cet agent de change pour le contraindre à révéler le nom du cessionnaire des actions, objet
du procès... ».

La jurisprudence est donc bien claire ; il faut, pour
que l'agent de change soit relevé du secret professionnel,

que l'opération puisse donner lieu à une action *directe* de l'un des contractants contre l'autre.

3° *Révélations sollicitées par la justice.* — Cette dernière exception n'est pas admise par tout le monde. Les agents de change et courtiers sont tenus « de consigner dans leur livre, jour par jour et par ordre de date, sans ratures, interlignes ni transpositions et sans abréviations ni chiffres, toutes les conditions des ventes, achats, assurances, négociations et en général de toutes les opérations faites par leur ministère » (art. 84, C. comm.). D'autre part l'article 11 de l'arrêté de prairial an X porte, au sujet du livre et carnet des agents de change : « lesquels registre et livre ils seront tenus de représenter aux juges et arbitres ». Les agents de change sont donc forcés de soumettre à la justice, dès qu'ils en sont requis, les livres où ils sont tenus de consigner leurs opérations. C'est ce devoir qu'a constaté la Cour de Bordeaux dans un arrêt du 6 janvier 1875 (1) et la Cour d'Orléans dans un arrêt du 1ᵉʳ mars 1884 (2).

Mais quelles énonciations doivent contenir ces livres ? Si les noms des clients des agents de change doivent y figurer, c'est la violation du secret permise en justice. Beaucoup d'auteurs ont soutenu ce système. Mais il est impossible de lui trouver dans les textes une base sérieuse. L'article 84 du Code de commerce est très précis ; pourtant il ne fait nulle mention *du nom* des par-

(1) D. P. 76, 5, 15.
(2) *Gaz. du Palais*, 84. 1. 613.

ties contractantes. On ne peut croire à une omission involontaire ; car l'arrêt du conseil de 1724 écartait formellement cette énonciation. On a pu donner d'excellentes raisons pratiques pour faire figurer sur ces registres les noms des personnes qui ont recours à l'intermédiaire des agents de change. Mais la loi est muette.

Le règlement de la compagnie des agents de change de Paris (11 avril 1878) est ainsi conçu :

« Les agents de change doivent garder un secret inviolable aux personnes qui les chargent de négociations, à moins que les parties ne consentent à être nommées ou que la nature de l'opération ne l'exige, sans préjudice du droit d'examen et d'investigations complètes qui appartient à la Chambre syndicale (1). — *Il n'est dérogé à cette règle que pour les renseignements demandés par la justice* ». Cette dernière restriction n'est écrite dans aucun texte législatif.

Telle est la législation, particulière aux agents de change, quant au secret professionnel. Est-elle exclusive de l'article 378 ?

Nous ne le croyons pas (2) L'article 19 de l'arrêté de

----

(1) Voici ce qui se passe en pratique : « Le secret des opérations dont sont chargés les agents de change est l'une des conditions les plus indispensables de leur ministère. Ce secret est si important que la chambre syndicale, ayant dû, afin de se rendre compte de l'exécution de ses décisions, vérifier à plusieurs reprises leur comptabilité, enjoignit à ceux-ci de désigner leurs clients par des numéros, sur les livres que l'on devait inspecter, afin qu'elle-même respectât ce secret si utile pour les affaires en général et surtout pour celles de bourse ». Courtois, *Traité élémentaire des opérations de Bourse et de change*, p. 213.

(2) Conf. Muteau, *op. cit.*, p. 488.

prairial est dénué de toute sanction. Il faudra lui donner celle de l'article 378. Cet arrêté, spécial aux agents de change, pour des raisons toutes particulières à leur profession, a admis une double dérogation à la loi du secret absolu. Mais, hors ces deux cas, il nous paraît bien difficile de rayer les agents de change de la liste des confidents *nécessaires*, prévus par l'article 378, puisque aux termes de la loi elle-même leur ministère est obligatoire et que d'autre part on ne peut nier la nécessité du secret pour les opérations de bourse.

Sans doute les dérogations, apportées par l'arrêté de prairial an X aux principes généraux que nous avons tâché d'établir, modifient le caractère du secret professionnel pour les agents de change : il semble plutôt leur imposer dans l'intérêt privé que dans l'intérêt public, puisque les particuliers peuvent rendre à leur gré la révélation innocente ou coupable.

Mais la nécessité d'une sanction pénale n'en est pas moins ici évidente. C'est pourquoi nous croyons devoir imposer celle de l'article 378 à une catégorie de personnes pour laquelle du reste ce texte paraît bien avoir été écrit.

C'est trancher, du même coup, la controverse que nous signalions plus haut sur le point de savoir si l'agent de change est tenu de livrer à la justice le secret des opérations faites par son intermédiaire.

Toutes ces observations sont communes aux agents de change et aux courtiers, qui ont des fonctions, des droits et des devoirs analogues (C. comm., art. 74 et sqq.).

§ 8. — *Magistrats.*

Que les magistrats soient compris parmi les personnes
auxquelles on doit appliquer l'article 378, c'est là un
principe que l'on n'a jamais contesté. Cependant on ne
le trouve formellement exprimé dans aucun document
de jurisprudence avant un arrêt rendu le 18 août 1882
par la Cour de cassation (1) :

« Attendu que, s'il est de principe que tout témoin
doit fournir son témoignage sur les faits dont la preuve
est recherchée par la justice, la loi a pris soin de déterminer certaines exceptions qui par des considérations
d'intérêt public et de haute moralité permettent à un
témoin de s'abstenir ; — attendu en effet qu'il a le droit
et même le devoir de ne donner aucune explication sur
des faits dont il n'aurait eu connaissance qu'à raison de
sa profession et qui ne lui auraient été révélés qu'à titre
confidentiel ; — attendu que les magistrats sont tenus
par le serment qu'ils ont prêté de garder religieusement
le secret de leurs délibérations..... attendu que la Cour
(de Pau)..... loin de violer l'article 80 du Code d'instruction criminelle a fait au contraire *une juste application*
tant du dit article que *de l'article 378 du Code pénal*..... ».

Les magistrats étant soumis à l'article 378, il convient
de leur appliquer toutes les règles générales que nous
avons déduites de cette disposition. Il faudra donc dire :

(1) D. P. 83. 1. 46.

1° Que le devoir de discrétion doit être étendu à tous les cas où le juge reçoit des confidences à raison de la confiance attachée à son ministère : — c'est ainsi que la Cour d'Amiens a déclaré dans un arrêt du 30 mars 1822 (1) que dans une enquête de séparation de corps un magistrat ne saurait être appelé à déposer sur les aveux faits en sa présence par les deux époux qu'il n'a pu concilier. Même silence devrait être gardé par un magistrat sur ce qu'il a appris d'un père venant réclamer la détention de son fils, conformément aux articles 375 et 199 du Code civil.

2° Qu'un magistrat est tenu au silence sur les faits qui lui ont été confiés, fussent-ils sans rapport intime avec l'affaire qui a motivé la confidence. Il s'agit ici de *secrets ;* tout ce qui a reçu la publicité de l'audience n'est plus un secret. Mais au cours d'une procédure qui doit se dérouler dans la chambre du conseil (par exemple 862, C. de proc. civ.), des pièces peuvent passer sous les yeux des magistrats et leur faire connaître peut-être des délits, peut-être des crimes. Ils seront liés par le secret professionnel, comme les avocats ou les avoués. Ici, comme nous avons cherché à le prouver au chapitre II, l'article 378 prime l'article 29 du Code d'instruction criminelle.

Ces quelques exemples suffisent à indiquer quels devoirs impose aux magistrats dans l'exercice de leur

—————

(1) Dalloz, *Rép.* v° *Enquête*, 262.

profession l'article 378 du Code pénal rigoureusement
mais logiquement interprété (1).

On doit aller encore plus loin et imposer l'obligation
de l'article 378 aux membres des juridictions disciplinaires : chambre syndicale des agents de change, conseil
de discipline des avocats, juridictions ecclésiastiques,
etc... Les mêmes raisons qui obligent à la discrétion la
magistrature sont toutes valables lorsqu'il s'agit de ces
petits tribunaux spéciaux dont la loi a d'ailleurs reconnu

(1) Dans toutes les espèces que nous venons de citer, il s'agit des secrets
des particuliers et non pas d'une façon générale du secret de délibérations.
Le magistrat, qui raconterait les débats qui ont eu lieu entre lui et ses
collègues dans la chambre du conseil, manquerait gravement à son devoir
professionnel et s'exposerait sans nul doute à des poursuites disciplinaires
[sous l'ancien régime la défense faite au magistrat de révéler les secrets
de leurs « sièges » fut relatée dans les ordonnances du 28 octobre 1446
(art. 4); d'avril 1453 (art. 118) et d'avril 1560]. Mais nous ne croyons pas
que l'article 378 lui serait applicable.

En ce qui concerne les magistrats, cette distinction paraît avoir été admise par le ministère public dans une affaire qui fit quelque bruit en 1884.
Un juré avait, à la sortie d'une audience où il avait siégé, écrit une lettre
à un directeur de journal pour « dégager sa responsabilité » de la condamnation qu'avait prononcée le jury. Le directeur publia la lettre. On poursuivit le gérant du journal et le juré, comme complice, en vertu de l'article 39 de la loi du 29 juillet 1881 (*). A l'audience le ministère public
regretta que le maximum de la peine ne fut qu'une amende de 2000 francs.
Le tribunal condamna le juré au maximum (**).

Si la poursuite fut intentée contre le juré sous cette forme, c'est assurément qu'on a pensé qu'on ne pouvait en l'espèce invoquer l'article 378,
relever non pas la *publication* mais la *révélation*, et appliquer les peines
édictées par le Code pénal, qui sont « un emprisonnement d'un mois à
six mois et d'une amende de cent francs à cinq cents francs. »

Nous verrons néanmoins dans le paragraphe suivant que la Cour de
cassation a complètement repoussé cette distinction entre le secret des particuliers et le secret de la justice, lorsqu'il s'est agit des greffiers.

(*) Article 39 :.... Il est également interdit de rendre compte des délibérations intérieures soit
des jurys, soit des Cours et tribunaux. Toute infraction à ces dispositions sera punie d'une amende
de 100 à 2000 francs.
(**) *Gazette des Tribunaux*, 27 mars 1884.

l'utilité et consacré l'existence. Le secret gardé est une nécessité de justice, qu'elle soit rendue par les juges de droit commun ou par un jury professionnel. On a soutenu que ces juridictions disciplinaires devaient à la justice la révélation de ce qu'elles avaient pu apprendre dans leurs enquêtes particulières. Mais cette théorie n'est point celle de la jurisprudence. Le 31 mars 1841, dans un arrêt d'une longueur et d'une forme peu communes, la Cour d'Angers a fait application de l'article 378 aux représentants d'une juridiction épiscopale. Il faut en citer le passage suivant :

« ... Attendu que ces principes sont loin d'être exclusivement applicables au sacerdoce ; la magistrature est aussi appelée, dans quelques circonstances, à exercer un pouvoir disciplinaire sur ses membres, ce qui a lieu intérieurement et comme en famille. Il répugnerait assurément d'admettre que les magistrats qui ont rempli ce devoir puissent être contraints de rendre compte à la justice ordinaire des révélations et des aveux qu'ils ont recueillis ; ce qu'on leur demanderait de cette manière ne serait point un témoignage direct, puisqu'ils n'ont rien connu par eux-mêmes, mais l'appréciation de ce qui leur a été appris dans leur juridiction, appréciation qui, transportée dans un débat judiciaire ouvert sur les mêmes faits, y deviendrait nécessairement un sujet de controverse, serait susceptible d'être réformée par le tribunal de répression... » (1).

(1) Dalloz, *Rép.* v° *Cultes*, 126.

Il faut encore signaler dans le même ordre d'idées un arrêt de la Cour de Caen (18 avril 1877) jugeant que « les membres du bureau d'assistance judiciaire ne peuvent être tenus de révéler dans une enquête civile les faits dont ils n'ont eu connaissance qu'en cette qualité » (1).

§ 9. — Greffiers.

« Il faut, dit M. Muteau, sans hésiter classer les greffiers au nombre des personnes dont les révélations seraient punies conformément à l'article 378 du Code pénal. La nature de leurs fonctions, qui les associent à tous les actes de procédure civile ou criminelle ressortissant du domaine du juge et les rendent comme lui confidents des mêmes secrets, emporte cette solution admise par la doctrine... » (2).

Nous admettrons cette théorie mais sous une réserve, c'est qu'on ne forcera pas la portée de l'article 378 et qu'on ne punira pas en vertu de cette disposition *toute* révélation de secrets commise par un greffier.

La Cour de cassation nous paraît avoir méconnu le sens de l'article 378 en l'appliquant à un greffier qui avait communiqué à un prévenu une pièce d'une procédure criminelle (9 juill. 1886) (3).

Voici les termes de cet arrêt :

« Attendu que cette dernière disposition (art. 378) est

____

(1) D. P. 77. 5. 194.
(2) Muteau, *op. cit.*, p. 515.
(3) D. P. 86. 1. 475.

générale et absolue, qu'elle s'applique sans restriction à tous ceux auxquels leur état ou leur profession impose l'obligation du secret confié, soit que les faits qu'ils apprennent ainsi sous le sceau du secret leur aient été confiés par des particuliers, soit que leur connaissance provienne de l'exercice d'une profession aux actes de laquelle la loi dans un intérêt général et d'ordre public a imprimé le caractère confidentiel et secret ; — attendu que sous l'empire du Code d'instruction criminelle la procédure devant le juge d'instruction est secrète ; — attendu que Lebas, attaché comme greffier assermenté au cabinet d'un juge d'instruction près le Tribunal de la Seine, avait pour devoir de remplir ses fonctions avec honneur et probité et qu'il était tenu particulièrement de garder le secret des procédures suivies par le magistrat auprès duquel il était placé et auxquelles il concourait ; — attendu qu'il résulte de l'arrêt attaqué qu'il a tenu Mary Raynaud, prévenu d'escroquerie, au courant de toute la procédure dirigée contre lui ; qu'il lui a notamment communiqué une commission rogatoire avant que celle-ci ne soit parvenue au magistrat délégué ; que dans ces conditions, c'est avec raison qu'il a fait application des dispositions de l'article 378 susvisé etc... ».

La Cour de cassation admet que l'article 378 peut être appliqué quand celui qui est le dépositaire du secret l'a connu en raison de l'exercice d'une profession « aux actes de laquelle la loi dans un intérêt général et d'ordre public a imprimé un caractère confidentiel et secret ». Nous pensons que c'est là une interprétation tout à fait abusive de l'article 378.

Nous avons cherché à établir, à propos du secret professionnel des diplomates (pp. 125 et sqq.), que la loi pénale n'a voulu protéger que les secrets des particuliers et non les secrets d'État ; il faut en dire autant des secrets de l'instruction criminelle.

Sans doute il faudra appliquer l'article 378 au greffier qui révélerait des propos tenus par les parties comparaissant en chambre du conseil. Mais il ne s'agissait en l'espèce que de *pièces de procédure*. Le greffier avait communiqué une commission rogatoire au prévenu.

La Cour de cassation a voulu à tout prix protéger le secret de l'instruction. Le vieux Droit français contenait des pénalités contre les greffiers indiscrets. L'ordonnance de 1670 (titre 6, art. 15) défendait aux greffiers sous peine d'interdiction et de 100 livres d'amende de communiquer aux accusés les pièces du procès. Faute de trouver dans nos lois quelque sanction analogue, la Cour a détourné de son véritable sens la disposition de l'article 378.

Il ne faut pas oublier que le Code range le délit de révélation de secrets parmi les délits « contre les particuliers ».

§ 10. — *Employés des postes et des télégraphes.*

Au premier abord il semble que le public soit suffisamment défendu contre l'indiscrétion de ces fonction-

naires par l'article 187 du Code pénal ainsi conçu :
« Toute suppression, toute ouverture de lettres confiées à la poste, commise ou facilitée par un fonctionnaire
ou un agent du gouvernement ou de l'administration
des postes, sera punie d'une amende de 16 francs à
500 francs et d'un emprisonnement de trois mois à
cinq ans. Le coupable sera de plus, interdit de toute
fonction ou emploi public pendant cinq ans au moins et
dix ans au plus ».

Mais lorsqu'on examine le texte de cet article, on voit
qu'il ne punit que deux délits particuliers : 1° suppression ; 2° ouverture d'une lettre, qui n'ont nul rapport
avec le délit de révélation des secrets.

L'employé de l'administration des postes, qui a ouvert
une lettre, n'a par cela même révélé aucun secret ; et
l'article 187 resterait applicable, si l'agent s'était contenté d'ouvrir la lettre sans donner connaissance à personne de son contenu. D'autre part l'agent qui révélerait simplement qu'une lettre lui a passé par les
mains, mais qui ne l'aurait ni supprimée ni ouverte, ne
tomberait pas sous le coup de l'article 187 ; pourtant il
n'en aurait pas moins trahi un secret.

On comprend donc que le délit de l'article 378 peut
venir s'ajouter à celui de l'article 187 ; et on comprend
aussi qu'il peut exister seul, sans qu'il y ait lieu en aucune façon d'appliquer l'article 187.

L'article 378 est-il applicable aux employés des postes et télégraphes ?

La jurisprudence l'a ainsi décidé dans une espèce où apparaissait nettement la distinction des deux délits : celui de l'article 187 et celui de l'article 378 ; il s'agissait des cartes postales.

La loi du 20 décembre 1872 porte, en son article 22 : « l'administration fera fabriquer des cartes postales destinées à circuler à découvert ». Une décision du ministère des finances du 15 février 1873 rappelle aux agents des postes les devoirs que leur impose ce nouveau mode de correspondance : « Le secret des inscriptions figurant au verso des cartes postales est inviolable et placé sous la sauvegarde du serment de discrétion prêté par les agents du service des postes en vertu du décret des 28-29 août 1790. Il leur est interdit d'en prendre connaissance ». La jurisprudence a trouvé cette sauvegarde insuffisante et elle y a ajouté la protection de l'article 378. La Cour de cassation a rendu le 21 novembre 1874 l'arrêt suivant :

« Attendu que les cartes postales, d'après la loi du 20 décembre 1872 qui a autorisé l'usage de ce mode de correspondance, doivent circuler à découvert et qu'elles ne peuvent en aucun cas être placées sous scellé ou sous enveloppe, que dans ces conditions elles ne sauraient rentrer dans la disposition de l'article 187 du Code pénal, qui punit toute ouverture de lettres confiées à la poste, commise ou facilitée par un fonctionnaire ou agent du gouvernement ou de l'administration des postes ; — Rejette ce moyen.

» Sur le deuxième moyen tiré de la violation de l'article 378 du Code pénal. Vu cet article : — attendu que lorsqu'une carte postale est remise à la poste elle devient pour l'agent de l'administration une chose secrète confiée à sa discrétion et dont il ne peut révéler le contenu ;—attendu que la révélation des secrets professionnels, réprimée par l'article 378 du Code pénal, n'en suppose pas la divulgation ; qu'elle peut exister légalement lors même que connaissance en est donnée à une personne unique..... Casse. — » (1).

Cet arrêt, en appliquant l'article 378, pose en principe que les agents des postes sont par profession dépositaires des secrets qu'on leur confie. Pourrait-on d'ailleurs soutenir le contraire ? Le ministère de ces employés est indispensable ; il nécessite une grande confiance de la part des citoyens qui y ont recours. Rien ne saurait donc exclure une profession de la liste de celles que la loi oblige au secret.

Ce secret des agents des postes portera : 1° si la lettre a été décachetée au mépris de l'article 187, sur le contenu de la lettre ; 2° en général et abstraction faite de tout autre délit, sur l'envoi de la lettre et son adresse. — Il est bien certain qu'en révélant qu'une lettre est arrivée à tel bureau, à telle heure, pour telle personne et de telle localité, un agent des postes peut, aussi bien qu'en brisant le cachet et en donnant lecture de la lettre, trahir le secret du signataire. Ne serait-ce pas aussi une

(1) D. P. 75. 1. 234.

indiscrétion délictueuse qu'il commettrait en communiquant à un tiers la suscription d'une lettre adressée. *bureau restant*? Le simple bon sens indique quelle défiance prendrait le public s'il savait que l'administration des postes peut impunément révéler l'*existence* d'une correspondance.

Parmi les règles générales que nous avons proposées pour l'interprétation de l'article 378 et que nous devons appliquer ici comme ailleurs, est celle-ci : la révélation est un délit, même sollicitée par la justice. Nous avons soutenu cette idée à l'encontre de la jurisprudence qui en pareil cas reconnaît au confident nécessaire le droit ou même le devoir moral, mais non l'obligation légale de se taire. Or quand il s'agit des employés des postes, la jurisprudence a institué la révélation obligatoire, celle-là même que M. Legraverend a prétendu imposer à tous les confidents nécessaires, quand ils sont provoqués par la justice à livrer le secret confié. En effet les tribunaux ont consacré à plusieurs reprises la légalité des perquisitions judiciaires dans les bureaux de poste, c'est-à-dire la violation du secret garanti aux particuliers par l'article 378. La Cour de cassation (aff. Coëtlogon — 21 nov. 1853) a ainsi motivé le droit accordé aux officiers de police judiciaire de prendre communication des lettres confiées à la poste : « Attendu qu'en autorisant le préfet de police à rechercher, en quelque lieu que ce soit, la preuve des infractions et les pièces pouvant servir à conviction, la loi n'a fait aucune exception à l'égard des lettres déposées à la poste et présumées constituer soit l'instrument ou la preuve, soit le corps même du délit ; — que le principe incontestable de l'inviolabilité du secret des lettres n'est pas applicable en pareil cas ; que les correspondances par lesquelles s'ourdissent ou se commettent les attentats portés à la paix publique, à la propriété et à la sûreté des citoyens sont une violation du droit et sortent de la classe de celles qui doivent être protégées par la loi ; qu'il n'est pas possible d'admettre, sans blesser les principes de la morale et de la raison, que l'administration des postes serve à couvrir de l'impunité des faits punissables, et à soustraire un corps de délit aux recherches de la justice dont le préfet de police est un des premiers agents... » Cette série d'affirmations, qu'aucun texte de loi n'appuie, ne prouve rien. On a, il est vrai, invoqué l'article 88 du Code d'instruction criminelle, qui permet au juge d'instruction de se transporter dans *tous* les lieux où il présumerait qu'on a *caché* des papiers ou effets, jugés utiles à la manifestation de la vérité. (La jurisprudence a étendu ce droit à tous les officiers de police judiciaire). — Mais il faut forcer le sens des mots pour appeler des lettres *confiées* à la poste des papiers *cachés*. Et à supposer que cet article ait un sens très général, il resterait à établir que l'article 378 n'y apporte pas une restriction nécessaire, ainsi que nous l'avons déjà vu pour l'article 80 du Code d'instruction criminelle. — Dans toutes les controverses sur la légalité des perquisitions dans les bureaux de poste, personne ne songea, avant M. Muteau (1), à invoquer cet article du Code pénal. Il nous paraît pourtant seul fournir une solution juridique, surtout depuis que la Cour de cassation (21 nov. 1874) a formellement rangé les agents des postes parmi les confidents légaux. Lors de l'affaire Coëtlogon, M. le conseiller Chégaray posait ainsi la question dans son rapport : « La disposition de l'article 187 du Code pénal fait-elle obstacle à ce que des lettres missives confiées à l'administration des postes puissent y être saisies comme éléments d'une information judiciaire en matière criminelle » ? Il n'était pas difficile de montrer que l'article 187 ne prouvait rien en l'affaire. Mais restait l'article 378 dont on ne soufflait mot.

Depuis que la Cour de cassation a jugé (21 novembre 1874) que l'article 378 est applicable aux employés des postes, il semblait que la question ne devait plus faire doute pour personne et que la jurisprudence allait désormais traiter les employés des postes de la même façon que les autres confidents *nécessaires* visés par l'article 378. On reconnaissait qu'il existait un secret professionnel, légalement consacré, pour l'agent de l'administration des postes comme pour le médecin et l'avocat ; on devait donc lui accorder au moins la *faculté* de ne pas déposer en justice (puisque la jurisprudence répugne à la thèse du secret obligatoire et absolu) ; et dès lors aussi toute perquisition devenait illégale dans un

(1) Muteau, *op. cit.*, pp. 532 et sqq.

bureau de poste, comme dans le cabinet d'un avocat.

Mais la Cour de cassation s'est refusé à tirer toutes les conséquences du principe qu'elle-même avait posé. Elle a rendu le 14 mars 1885 un arrêt qu'il est bien malaisé de concilier avec celui de 1874.

Un employé des postes avait, au cours d'une déposition, refusé de répondre au président du Tribunal qui lui demandait si, à une date déterminée, il avait vu passer dans son bureau des numéros de tel journal venant de tel autre bureau de poste. Le témoin avait été condamné à 5 francs d'amende en vertu de l'article 80 (C. instr. cr.).

La Cour de cassation (1) confirma l'arrêt de la Cour de Nîmes qui confirmait le jugement du Tribunal d'Apt:

« Attendu que tout citoyen doit la vérité à la justice lorsqu'il est interpellé par elle ; que ceux même qui, aux termes de l'article 378 du Code pénal, sont dépositaires par état ou profession des secrets qu'on leur confie, ne sont pas dispensés d'une manière absolue de cette obligation générale, et que cette dispense d'un devoir social doit être restreinte au cas seulement où les faits sur lesquels ils sont interpellés, leur ont été révélés sous le sceau du secret, dans l'exercice de leur profession ou de leur ministère... »

Il est bien certain que, s'il faut pour constituer le secret légal qu'il y ait eu recommandation expresse de discrétion, jamais un employé des postes ne sera astreint

(1) D. P. 85. 1. 425.

à un pareil devoir. On n'a point l'habitude de confier ses lettres à l'administration « sous le sceau du secret-». D'ailleurs la Cour de cassation n'a pas exigé toujours cette condition du « sceau du secret ».

« Attendu, continue l'arrêt, *que les agents de l'administration des postes ne rentrent pas dans la catégorie des personnes qui, en vertu de l'article 378 du Code pénal, peuvent n'être pas tenues de fournir leur témoignage à la justice*; que si, aux termes du décret des 26-29 août 1790, ils prêtent serment de garder et observer fidèlement la foi due au secret des lettres, ce serment, dont l'utilité est incontestable, ne saurait les dispenser d'accomplir le devoir imposé à tout citoyen par l'article 80 du Code d'instruction criminelle etc... »

Il faut reconnaître que l'interprétation de l'article 378 par la Cour de cassation est bien étrange. En vertu de l'article 378 on punit l'employé des postes qui viole le secret professionnel. Mais on lui refuse d'opposer le même article aux questions du magistrat. Ce qu'on permet au médecin, à l'avocat, on le lui défend ; et pour le lui défendre, on le fait brusquement sortir d'une « catégorie de personnes », où on l'avait placé pour les besoins de la répression. De pareilles solutions ne sont point juridiques. Ou bien l'agent des postes n'est point parmi les dépositaires de secrets dont la trahison est punie par le Code pénal, alors pourquoi le condamner ? Ou bien il est soumis aux mêmes devoirs que les médecins, avocats, notaires etc... ; alors pourquoi le contraindre à témoigner en justice? Pour notre part, ce n'est pas seulement *la faculté*, mais même l'*obligation* de refuser son témoignage que nous voudrions lui imposer, puisque c'est la règle commune que nous avons formulée pour toutes les autres professions.

Les employés des télégraphes doivent être assimilés aux employés des postes. Comme eux ils peuvent être frappés par l'article 378 ou par l'article 187 du Code pénal suivant le délit commis. L'employé qui expédie la dépêche et celui qui la reçoit (télégraphie électrique) sont forcément mis au courant du contenu de la dépêche. S'ils le révèlent, il faut leur appliquer l'article 378, car il y a eu là certainement secret *confié*. Quant aux employés chargés de porter la dépêche fermée à domicile, ils peuvent tomber sous le coup soit de l'article 187 s'ils ouvrent la dépêche, soit de l'article 378 s'ils en révèlent l'existence à un tiers. Enfin les télégrammes expédiés par tubes pneumatiques peuvent être : ouverts ou fermés. On doit ici appliquer les règles ci-dessus établies pour les cartes postales (art. 378) et les lettres (art. 187 ou 378).

Nous n'avons pas eu dans les pages qui précèdent l'intention de dresser une liste *complète* de toutes les personnes astreintes au secret professionnel. Nous n'avons voulu que donner une interprétation générale de l'article 378 et la justifier dans un certain nombre d'es-

pèces caractéristiques. Nous avons laissé de côté certaines professions, qui, à n'en pas douter, sont soumises
à la loi du secret : huissiers, commissionnaires, employés
du mont-de-piété etc... Mais il nous eût fallu renouveler
à leur sujet des observations déjà maintes fois répétées.

APPENDICE

Allemagne. — L'article 300 du Code pénal est ainsi conçu :

« Seront punis d'une amende jusqu'à 1500 marcs et d'un emprisonnement jusqu'à trois mois, *les avoués, avocats, notaires, défenseurs en matière pénale*, médecins, chirurgiens, sages-femmes, pharmaciens, ainsi que *les aides* de ces personnes qui auront *sans autorisation* révélé des secrets qui leur avaient été confiés à raison de leurs fonctions, profession ou métier. *La poursuite n'aura lieu que sur demande* ».

On voit qu'il y a entre cet article et l'article 378 du Code pénal français de très grandes différences :

1° Les professions, sont formellement désignées, dans le Code allemand.

2° Les *auxiliaires* sont soumis par la loi elle-même à l'obligation du secret.

3° La personne qui a confié un secret peut relever le dépositaire de l'obligation de se taire.

4° La poursuite n'a lieu que sur demande. Ces deux dernières dispositions modifient tout à fait le caractère du secret professionnel qui n'est plus considéré comme d'ordre public. L'article 300 est une disposition destinée à protéger des intérêts particuliers.

Belgique. — Le Code pénal belge contient un article 458, analogue à notre article 378. Cependant il ne punit la révélation du secret que « *hors les cas où ils (les médecins, etc...) sont appelés à rendre témoignage en justice* ». Ces quelques mots suppriment bien des controverses.

Angleterre. — En Angleterre, non seulement il n'y a aucune loi pénale qui interdise la révélation des secrets, mais il semble que la jurisprudence refuse aux médecins, appelés à témoigner en justice, le droit de s'abriter derrière le secret professionnel. Le Dr Gordon Smith (1) fait observer que « la société en général admet l'autorité des tribunaux comme supérieure à tous les obstacles et à toutes les considérations privées, de sorte qu'en cédant à une autorité semblable, un homme de notre profession sera pleinement acquitté, même dans l'opinion de ceux qui peuvent en être victimes ».

Italie. — L'article 587 du Code pénal italien est ainsi conçu : « Les médecins, chirurgiens, pharmaciens et sages-femmes et toutes les personnes qui, *hors les cas où la loi les oblige à en faire part à l'autorité publique*, auront révélé un secret à eux confié à raison de leur état, profession, ou office, seront punis d'un emprisonnement d'un mois au minimum à six mois ; de plus, en

---

(1) Gordon Smith, *Analysis of medical Evidence*, p. 98, cité par Taylor, *Traité de médecine légale*, trad. du docteur Coutagne, p. 30.

cas de récidive, ils seront *suspendus* de l'exercice de leur office ou de leur profession ».

Cette pénalité de la *suspension* est particulière à la loi italienne. (En fait, elle existerait en France pour certaines professions, assujetties à une discipline spéciale, celles de l'avocat par exemple ou de l'avoué ou du notaire.)

La loi italienne a rendu la révélation obligatoire en certains cas :

« Art. 102. — Les médecins, chirurgiens et autres officiers de santé notifieront dans les 24 heures, et immédiatement, dans les cas de péril grave, l'empoisonnement, les blessures et autres offenses corporelles, quelles qu'elles soient, pour lesquels ils auront prêté les secours de l'art, au juge chargé de l'instruction ou à n'importe quel autre officier de police judiciaire du lieu où se trouve la personne atteinte, et à leur défaut à l'officier de police judiciaire le plus voisin, sous les peines établies par l'article 308 du Code pénal. Dans la déclaration seront indiqués le lieu où se trouvait la victime et autant que possible ses nom et prénoms et toutes les autres circonstances exprimées dans l'article 131 du présent Code..... »

Les médecins italiens demandent que le Code italien soit revisé dans le même sens que le Code français (1).

(1) Brouardel, *op. cit.*, p. 197.

POSITIONS

DROIT ROMAIN.

Positions prises dans la thèse.

I. — Les comices curiates étaient à l'origine une assemblée exclusivement patricienne ; mais les plébéiens en ont fait partie sous la République, v. p. 4.

II. — *L'auctoritas patrum* exercée par les comices curiates et la *lex curiata de imperio* sont deux institutions distinctes, v. p. 12.

III. — La *provocatio* contre les sentences des *II viri perduel lionis* était jugée sous la royauté par les comices curiates ; la loi Valeria (509 av. J.-C.) a remis aux comices centuriates le jugement de la *provocatio* contre les sentences de tous les magistrats, v. pp. 13 et 43.

IV. — Les plébiscites, avant comme après la loi Hortensia, furent votés tantôt avec tantôt sans *l'auctoritas senatus*, v. p. 54.

Positions prises hors de la thèse.

I. — La règle *is pater est* est applicable aux enfants nés du concubinat.

II. — En cas de *damnum non corpori datum* l'action *in fac-*

tum donnée à la partie lésée n'est pas l'action *utilis ex lege
Aquilia.*

III. — Le fou ne peut être tenu d'une obligation naturelle.

IV. — La cession des titres écrits n'a jamais remplacé la
tradition.

DROIT FRANÇAIS.

Positions prises dans la thèse.

I. — L'intention de nuire n'est pas nécessaire pour qu'il y
ait délit de révélation de secrets, v. p. 25.

II. — La révélation du secret est un délit, même si la personne qui l'a confié autorise son confident à parler, v. p. 33.

III. — Les articles 30 et 80 du Code d'instruction criminelle
n'apportent aucune dérogation à l'article 378 du Code pénal,
v. p. 53.

IV. — Les médecins, officiers de santé, ou sages-femmes
qui, en déclarant la naissance d'un enfant à l'officier de l'état
civil, porteraient à sa connaissance les renseignements énumérés dans l'article 57 du Code civil tomboraient sous l'application
de l'article 378 du Code pénal, v. p. 89.

V. — Les médecins sont tenus de refuser les certificats *post
necem* qui sont réclamés par les compagnies d'assurance sur la
vie, v. p. 106.

VI. — Les dispositions de l'article 378 doivent être étendues
aux aides et auxiliaires des personnes soumises à l'obligation
du secret professionnel, v. p. 122.

VII. — L'article 378 n'est applicable qu'aux secrets des *particuliers*, v. p. 124.

VIII. — Les agents de change ne sont pas tenus au secret pour une opération qui peut donner lieu à une action de l'un des contractants contre l'autre ; mais il faut que l'action dérive directement du contrat, v. p. 148.

IX. — En dehors des cas expressément visés par l'article 19 de l'arrêté du 17 prairial an X, les agents de change sont soumis à l'article 378, v. p. 154.

X. — L'article 378 est applicable aux employés des postes et télégraphes, v. p. 163.

DROIT CIVIL.

I. — La prescription trentenaire s'applique à l'action en revendication.

II. — Un mineur non émancipé peut reconnaître un enfant naturel, même en l'absence du tuteur.

III. — La caution, qui a désintéressé la Régie des douanes, peut, en vertu de la contrainte délivrée contre le débiteur principal, prendre hypothèque sur les biens de ce dernier.

IV. — En admettant la validité des donations déguisées sous la forme de contrats à titre onéreux, ces libéralités ne sont pas soumises au rapport.

MATIÈRES DIVERSES.

I. — La femme turque ne peut avoir d'hypothèque légale sur les biens de son mari situés en France.

II. — En matière de brevet, l'invention peut être considérée comme *nouvelle*, lorsqu'elle a été déjà trouvée et exploitée, mais *non publiquement*.

III. — La responsabilité solidaire des membres du conseil d'administration d'une société anonyme ne s'applique qu'au préjudice causé par la nullité de la société.

IV. — Le fait de livrer à la publicité les leçons orales d'un professeur ne constitue pas une contrefaçon.

Vu par le Président de la thèse :
J. LABBÉ.

Vu par le Doyen de la Faculté :
COLMET DE SANTERRE.

Vu et permis d'imprimer,
Le Vice-Recteur de l'Académie de Paris,
GRÉARD.

TABLE DES MATIÈRES

Imp. G. Saint-Aubin et Thevenot, St-Dizier (Hte-Marne), 30, Passage Verdeau, Paris.